कालयात्री कविताएँ

कालयात्री कविताएँ

सम्पादक

डॉ. बी. विजय कुमार

अरुणोदय प्रकाशन

ISBN : 978-81-88473-46-5

अरुणोदय प्रकाशन
4695, 21-ए, दरियागंज, नयी दिल्ली-110002
द्वारा प्रकाशित

संस्करण : 2017, 2019
आवृत्ति 2023

मूल्य : ₹ 90.00

सिटी प्रेस, दिल्ली-110 095
द्वारा मुद्रित

KALYATRI KAVITAYEN
Edited by Dr. B. Vijay Kumar

भूमिका

हिन्दी कविता का इतिहास काफी पुराना है। साहित्येतिहासकारों के मतभेदों के बावजूद कहा जा सकता है कि करीब एक हजार सालों के पूर्व ही हिन्दी में कविता का उद्भव हुआ। हिन्दी के वरिष्ठ और प्रायः सर्वमान्य आलोचक-प्रवर आचार्य रामचन्द्र शुक्ल ने हिन्दी कविता के इतिहास को चार कालों में विभक्त किया है। वे हैं—1. वीरगाथा काल 2. भक्ति काल 3. रीति काल 4. आधुनिक काल।

1. वीरगाथा काल

वीरगाथा काल का उद्भव करीब 993 ई. से माना जा सकता है। 'आदिकाल', 'चारण काल', 'प्रारम्भिक काल' आदि दूसरे कई नामों से भी यह काल जाना जाता है। जैन-साहित्य, नाथ-साहित्य, और सिद्ध-साहित्य के अलावा लौकिक-साहित्य के अन्तर्गत आने वाले वीरगाथा-साहित्य से भी यह काल सम्पन्न है। चंदबरदाई कृत 'पृथ्वीराज रासो' इस काल की सबसे प्रमुख वीर-गाथा है। इस काल के अन्त में विद्यापति और अमीर खुसरो की कविताएँ भी सामने आती हैं, जो आगे की हिन्दी कविता की आधार-भूमि मानी जा सकती हैं। वीर-रस प्रधानता के अतिरिक्त उपदेशात्मकता, भक्ति आदि भी इस काल की कविता की विशेषताएँ हैं।

2. भक्ति काल

भक्ति काल की अवधि करीब 1323 ई. से 1743 तक मानी जा सकती है। इस काल के उद्भव के पीछे चौदहवीं शताब्दी में सम्पूर्ण भारत में उपजे भक्ति-आन्दोलन का प्रभाव स्पष्ट है। विभिन्न दार्शनिक विचार धाराओं के गहरे प्रभाव के कारण भक्तिकालीन कविता की धाराएँ और उप-धाराएँ फूट निकलीं। ईश्वर के सगुण और निर्गुण रूपों की आराधना से सम्बद्ध दो प्रमुख धाराओं का उद्भव हुआ—निर्गुण भक्ति-काव्य और सगुण भक्ति-काव्य। इन दो धाराओं की दो-दो उप-धाराएँ भी हुईं, जैसे निर्गुण की ज्ञानमार्गी और प्रेममार्गी शाखाएँ और सगुण की रामभक्ति और कृष्णभक्ति शाखाएँ। कबीरदास ज्ञानमार्गी या संतकाव्य-धारा के शीर्षस्थ कवि हैं। उनके अलावा रैदास, दादू, मलूकदास, सुन्दरदास आदि भी इस धारा के

प्रमुख कवि हैं। प्रेममार्गी अथवा सूफीकाव्य-धारा के मशहूर कवि मलिक मुहम्मद जायसी हैं। उनकी 'पद्मावत' इस काव्य-धारा की लोकप्रिय रचना है। तुलसीदास और उनके द्वारा रचित 'रामचरितमानस' रामभक्ति-धारा के शीर्षस्थ कवि एवं कविता हैं। सूरदास प्रसिद्ध कृष्णभक्त कवि हैं और उनकी 'सूरसागर' इस धारा की श्रेष्ठ रचना है। इन चार युग-प्रवर्तक कवियों के अलावा मीराबाई, रसखान, रहीम आदि भी भक्तिकाल के चर्चित कवि हैं।

भक्तिकाल हिन्दी साहित्य का स्वर्ण काल कहा जाता है, जो कई दृष्टियों से ठीक भी है। मूल्य-निरपेक्ष युग में मूल्यों की पुनःस्थापना, धार्मिक समन्वय और उच्चतर मानवीय आदर्शों की प्रतिष्ठा के साथ-साथ साहित्यिकता की असीम वृद्धि से भी यह काल सम्पन्न है।

3. रीतिकाल

1744 ई. से 1843 ई. तक का काल रीतिकाल माना जाता है। 'वीरगाथा काल' के समान रीतिकाल के भी कुछ दूसरे नाम प्रसिद्ध हैं, जिनमें मुख्य हैं—'शृंगारकाल', 'अलंकृतकाल' आदि। रीतिपरकता या लक्षणों और परिभाषाओं के आधार पर कविता रचने की रीति के कारण रीति काल को यह नाम मिला। इस काल के ज्यादातर कवि दरबारी या राजाश्रयी थे अतः उनकी कविताओं में समाजोन्मुखता के स्थान पर शृंगारिकता, आलंकारिकता, कलात्मकता आदि प्रमुख थे। इसके बावजूद भक्ति और नीति-सम्बन्धी कविताएँ भी थोड़ी में ही सही लिखी गयी थीं। इस काल के प्रमुख कवियों में केशवदास, बिहारी, सेनापति, मतिराम, घनानंद, देव आदि के नाम लिए जा सकते हैं। भूषण रीतिकाल में वीररस-प्रधान कविताएँ लिखनेवाले कवि थे।

4. आधुनिक काल

आधुनिक काल का आरम्भ 1843 ई. से माना जा सकता है। हिन्दी साहित्य का आधुनिक काल खड़ी बोली हिन्दी के उदय की दृष्टि से महत्त्वपूर्ण है। उन्नीसवीं शताब्दी में जिस पुनर्जागरण के प्रभाव ने भारतीय जीवन के जिन मुख्य पहलुओं को प्रभावित किया, उससे साहित्य भी अछूता न रह सका। इस काल में साहित्य का बहुमुखी विकास हुआ जिसमें गद्य-साहित्य का उदय सबसे उल्लेखनीय है। यद्यपि ब्रज भाषा काव्य-भाषा के रूप में आधुनिक काल की शुरुआत में थी, परन्तु कालान्तर में उसके स्थान पर खड़ी बोली को काव्य-भाषा का स्थान प्राप्त हुआ।

आधुनिक काल का प्रारम्भिक युग 'भारतेन्दु युग' कहलाता है। इस काल के महान कवि एवं गद्यकार भारतेन्दु हरिश्चन्द्र के बहुरूपी साहित्यिक योगदानों

के कारण यह नाम मिला। उन्होंने हिन्दी साहित्य को कला-विनोद की भूमि से उठाकर राष्ट्रीयता और सामाजिकता की जमीन पर खड़ा किया।

'भारतेन्दु युग' के बाद 'द्विवेदी युग' आता है, जो उस काल के युगधर्मी साहित्यकार महावीरप्रसाद द्विवेदी के नाम से सम्बद्ध है। इस काल में खड़ी बोली का पर्याप्त विकास हुआ और कविता धीरे-धीरे अपने आयामों को बढ़ाने लगी। द्विवेदी जी के सम्पादन में निकली पत्रिका 'सरस्वती' ने इस काल की कविता के विकास में अहम भूमिका निभाई थी।

आधुनिक काल का तृतीय उत्थान 'छायावाद' नामक नित नयी काव्य-परम्परा से माना जाता है, जिसकी अवधि करीब 1916 ई. से 1936 ई. तक मानी जा सकती है। पाश्चात्य काव्य धारा की नयी गतिविधियों और बांग्ला साहित्य से गहरे ढंग से प्रभावित यह काव्य धारा हिन्दी के महान आलोचक नगेन्द्र के शब्दों में कहा जाए तो 'स्थूल के प्रति सूक्ष्म का विद्रोह' है। पूर्ववर्ती कविता की विषयनिष्ठता, वर्णन-प्रियता और स्थूल सामाजिकता के स्थान पर छायावाद में व्यक्तिनिष्ठता, सूक्ष्म सौन्दर्य-बोध, लाक्षणिक भाषा-शैली आदि देखने को मिलती है। जयशंकर प्रसाद, सूर्यकान्त त्रिपाठी निराला, सुमित्रानन्दन पन्त और महादेवी वर्मा छायावाद के चार स्तम्भ कहलाते हैं।

छायावाद के बाद की काव्य धारा को 'प्रगतिवाद' नाम मिला। इसका आरम्भ 1936 ई. से माना जाता है। इसी साल में भारत में 'प्रगतिशील लेखक संघ' की स्थापना हुई, जिसके फलस्वरूप जीवन को भौतिक दृष्टि से देखने और गैर-सामाजिक ताकतों के खिलाफ लड़ने का धरातल तैयार हुआ। कार्ल मार्क्स के विचारों का गहरा प्रभाव भी इस काव्य धारा पर पड़ा। नागार्जुन, केदारनाथ अग्रवाल, त्रिलोचन, शिवमंगल सिंह सुमन आदि इस धारा के प्रमुख कवि हैं। इस धारा के कवियों ने शोषित और सर्वहारा के जीवन के कटु यथार्थों को कविताओं में पेश किया। उनके लिए कविता का कथ्य-पक्ष ही प्रमुख था इसलिए शैल्पिक जागरूकता या प्रयोगशीलता उनकी कविताओं में नहीं के बराबर थी।

प्रगतिवाद अपनी सामाजिक प्रतिबद्धता के कारण अवश्य ही हिन्दी काव्य-जगत में नयी लहर पैदा करने वाला था, परन्तु कथ्य की एकरसता और शैल्पिक उदासीनता के कारण वह अधिक काल तक टिक नहीं पाया। परिणामतः अज्ञेय के नेतृत्व में एक नयी काव्य-धारा विकसित हुई, जो 'प्रयोगवाद' के नाम से प्रसिद्ध हुई। सन् 1943 में 'तार सप्तक' का प्रकाशन प्रयोगवाद की उत्पत्ति का कारण माना जा सकता है। इसके सम्पादक अज्ञेय थे। वैयक्तिकता, सूक्ष्म सौन्दर्य-बोध, अतिरिक्त शैल्पिक प्रयोगात्मकता आदि इस काव्य धारा की मुख्य प्रवृत्तियाँ हैं। सन् 1952

के आसपास 'नयी कविता' नाम से एक नयी काव्य-धारा की शुरुआत हुई, जिसे प्रयोगवाद की अगली कड़ी कहा जा सकता है। कथ्य और शिल्प दोनों स्तरों पर 'नयी कविता' के कवियों ने समन्वित ढंग से नयी भंगिमा प्रदान की। रघुवीर सहाय, कुँवर नारायण, सर्वेश्वर दयाल सक्सेना, केदारनाथ सिंह, भवानीप्रसाद मिश्र जैसे समर्थ कवियों ने 'नयी कविता' के लिए महत्त्वपूर्ण योगदान दिए हैं।

'नयी कविता' के अन्तिम दौर में 'अकविता', 'प्रपद्यवाद' (नकेनवाद), 'सहज कविता', 'विचार कविता' आदि कई नाम से विभिन्न आन्दोलन हिन्दी काव्य-जगत में उग आये, परन्तु आन्दोलन धर्मिता की अधिकता और सृजनशीलता की कमी के कारण ये सभी अल्प काल में ही सिमट गये।

सन् 1960 के बाद हिन्दी कविता में एक बार फिर उन्मेष की लहरें छाने लगीं। इसका श्रेय जनवादी कवि धूमिल को देना उचित होगा। उन्होंने कविता का सामाजिक पुनःसंरचना के सशक्त हथियार के रूप में सफलतापूर्वक उपयोग किया। उन्होंने कविता की जन-पक्षधरता का जो धरातल तैयार किया, बाद के कई कवियों ने उसका अनुधावन किया। राजेश जोशी, चन्द्रकान्त देवताले, लीलाधर जगूड़ी, अरुण कमल, विनोद कुमार शुक्ल, मंगलेश डबराल, उदय प्रकाश जैसे प्रतिबद्ध कवि इसके कुछ उदाहरण मात्र हैं।

सन् 1980 के बाद हिन्दी कविता में विषयगत विस्तार और गहराई परिलक्षित होती है। भूमंडलीकरण के बहुमुखी नकारात्मक प्रभाव के फलस्वरूप जो 'अपसंस्कृति' पूरे भारत में छा गयी, उसको कई कोणों से उजागर करने में वर्तमान पीढ़ी के कवि रत हैं। किसी ठोस दर्शन के स्पष्ट प्रभाव से मुक्त अब की कविता स्त्री-विमर्श, दलित-विमर्श, पारिस्थितिक विमर्श जैसे सामाजिक चिन्तन के नये मुद्दों को भी सफलता से आत्मसात करते हुए अपने अभीष्ट पथ पर सक्रिय और गतिशील है। हिन्दी कविता की वर्तमान ताजगी पर दृष्टिपात करते समय महान् कवि मुक्तिबोध की पंक्तियाँ एकदम सार्थक सिद्ध होती हैं—**''कभी खत्म नहीं होती कविता, वह आवेग-त्वरित कालयात्री है।''**

—बी. विजय कुमार

अनुक्रम

कबीरदास	*दोहे*	11
सूरदास	*पद*	18
बिहारी लाल	*दोहे*	24
मैथिलीशरण गुप्त	*माँ, कह एक कहानी*	28
सूर्यकान्त त्रिपाठी 'निराला'	*बादल-राग : 6*	32
सुमित्रानन्दन पन्त	*मोह*	36
नागार्जुन	*प्रेत का बयान*	39
त्रिलोचन	*चम्पा काले काले अच्छर नहीं चीन्हती*	44
अज्ञेय	*सम्राज्ञी का नैवेद्य-दान*	48
गजानन माधव मुक्तिबोध	*ऐ इन्सानो!*	52
सर्वेश्वरदयाल सक्सेना	*पिछड़ा आदमी*	55
केदारनाथ सिंह	*धब्बा*	57
अरुण कमल	*पुतली में संसार*	61
उदय प्रकाश	*टेलिफ़ोन*	63
कात्यायनी	*अपराजिता*	66
अनामिका	*ओढ़नी*	68
ज्ञानेन्द्रपति	*नदी और साबुन*	70
ओमप्रकाश वाल्मीकि	*बस्स! बहुत हो चुका*	74
बद्री नारायण	*तय इससे होगा*	77
जितेन्द्र श्रीवास्तव	*मैं इक चिड़िया हूँ पापा!*	81
संगृहीत कविताओं पर टिप्पणियाँ		84-88

कबीरदास

हिन्दी भाषी क्षेत्र में कबीरदास को निर्गुण भक्ति काव्यधारा का प्रवर्तक कहा जा सकता है। इनका जीवन-वृत्त विवादास्पद रहा है। प्रायः इन्हें सं. 1450 से 1550 के मध्य वर्तमान और दीर्घायु माना जाता है। उनके जन्म और माता-पिता को लेकर बहुत विवाद है। लेकिन यह स्पष्ट है कि कबीर जुलाहा थे, क्योंकि उन्होंने अपने को कविता में अनेक बार जुलाहा कहा है। कहा जाता है कि वे विधवा ब्राह्मणी के पुत्र थे, जिसे लोकापवाद के भय से जनमते ही काशी के लहरतारा ताल के पास फेंक दिया गया था। अली या नीरू नामक जुलाहा बच्चे को अपने यहाँ उठा लाया। इस प्रकार कबीर ब्राह्मणी के पेट से उत्पन्न हुए थे, लेकिन उनका पालन-पोषण जुलाहे के यहाँ हुआ, यह किंवदन्ती बन गई। बाद में वे जुलाहा ही प्रसिद्ध हुए। कबीर की मृत्यु के बारे में भी कहा जाता है कि हिन्दू उनके शव को जलाना चाहते थे और मुसलमान दफ़नाना। इस पर विवाद हुआ, किन्तु पाया गया कि कबीर का शव अन्तर्धान हो गया है। वहाँ कुछ फूल हैं। उनमें से कुछ फूलों को हिन्दुओं ने जलाया और कुछ को मुसलमानों ने दफ़नाया। मगहर, जिला बस्ती में उनकी समाधि और मजार दोनों पास-पास स्थित हैं।

कबीर का अपना पंथ या सम्प्रदाय क्या था, इसके बारे में कुछ भी निश्चयपूर्वक नहीं कहा जा सकता। वे रामानन्द के शिष्य के रूप में विख्यात हैं, किन्तु उनके 'राम' रामानन्द के 'राम' नहीं हैं। शेख तकी नाम के सूफी सन्त को भी कबीर का गुरु कहा जाता है, किन्तु इसकी पुष्टि नहीं होती। सम्भवतः कबीर ने इन सबसे सत्संग किया होगा और इन सबसे किसी न किसी रूप में प्रभावित भी हुए होंगे।

इससे प्रकट होता है कि कबीर की जाति के विषय में यह दुविधा बराबर बनी रही है। इसका कारण उनके व्यक्तित्व, उनकी साधना और काव्य में कुछ ऐसी विशेषताएँ हैं, जो हिन्दू या मुसलमान कहने भर से नहीं प्रकट होतीं। उनका व्यक्तित्व दोनों में से किसी एक में नहीं समाता।

उनकी जाति के विषय में आचार्य हजारीप्रसाद द्विवेदी ने अपनी पुस्तक कबीर में प्राचीन उल्लेखों, कबीर की रचनाओं, प्रथा, वयनजीवी (बुनकर) जातियों के

रीति-रिवाजों का विवेचन-विश्लेषण करके दिखाया है। "आज की वयनजीवी जातियों में से अधिकांश किसी समय ब्राह्मण श्रेष्ठता को स्वीकार नहीं करती थीं। जोगी नामक आश्रम-भ्रष्ट घरबारियों की एक जाति सारे उत्तर और पूर्वी भारत में फैली है। ये नाथपंथी थे, कपड़ा बुनकर और सूत कातकर या गोरखनाथ और भरथरी के नाम पर भीख माँगकर जीविका चलाया करते थे। इनमें निराकार भाव की उपासना प्रचलित थी, जाति भेद और ब्राह्मण-श्रेष्ठता के प्रति उनकी कोई सहानुभूति नहीं थी और न अवतारवाद में ही कोई आस्था थी। आसपास के बृहत्तर हिन्दू समाज की दृष्टि में ये नीच और अस्पृश्य थे। मुसलमानों के आने के बाद ये धीरे-धीरे मुसलमान होते रहे। पंजाब, उत्तर प्रदेश, बिहार और बंगाल में इनकी कई बस्तियों ने सामूहिक रूप से मुसलमानी धर्म ग्रहण किया। कबीरदास इन्हीं नवधर्मान्तरित लोगों में पालित हुए थे।"

कबीर के काव्य पर इन सबका प्रभाव देखा जा सकता है। उनमें वेदान्त का अद्वैत, नाथपंथियों की अन्तस्साधनात्मक रहस्य भावना, हठ योग कुंडलिनी योग, सहज साधना, इस्लाम का एकेश्वरवाद सब कुछ मिलता है।

अन्तस्साधनात्मक पारिभाषिक शब्दावली का प्रयोग उन्होंने खूब किया है, साथ ही अहिंसा की भावना और वैष्णव प्रपत्तिवाद भी। कबीर की बानी का संग्रह 'बीजक' कहलाता है। उनकी बानी अन्य स्रोतों से भी प्राप्त हुई है। बीजक के तीन भाग हैं–1. रमैनी, 2. सबद, 3. साखी। सबद में गेयपद हैं, साखी दोहों में है। रमैनी प्रायः दोहा-चौपाई शैली में है। रमैनी और सबद ब्रजभाषा में हैं जो तत्कालीन मध्यदेश की काव्य-भाषा थी।

साखियों में पूर्वी प्रयोग अधिक हैं, जिसे स्थानीय या क्षेत्रीय प्रभाव मानना चाहिए। कबीर साहसपूर्वक जन-बोली के शब्दों का प्रयोग अपनी कविता में करते हैं। बोली के ठेठ शब्दों के प्रयोग के कारण ही कबीर को 'वाणी का डिक्टेटर' कहा जाता है। उनकी अनन्त तेजस्विता उनकी भाषा-शैली में भी प्रकट है। काजी, पण्डित, मुल्ला को सम्बोधित करते समय वे प्रायः तन जाते हैं। 'पाँडे कौन कुमति तोहिं लागी, कसरे मुल्ला बाँग निवाजा।'

किन्तु सामान्य जन को या हरिजन को सम्बोधित करते समय वे 'भाई' या 'साधो' जैसे शब्दों का प्रयोग करते हैं।

कबीर तथा अन्य निर्गुण संतों की उलटवासियाँ प्रसिद्ध हैं। उलटवासियों का पूर्व रूप हमें सिद्धों की 'संधा भाषा' में मिलता है। उलटवासियाँ अन्तस्साधनात्मक अनुभूतियों को असामान्य प्रतीकों में प्रकट करती हैं। वे वर्णाश्रम व्यवस्था को मानने वाले संस्कारों को धक्का देती हैं। इन प्रतीकों का अर्थ खुलने पर ही

उलटवासियाँ समझ में आती हैं।

कबीर ने भक्ति पूर्व धार्मिक साधनाओं को आत्मसात अवश्य किया था। किन्तु वे इन साधनाओं को भक्ति की भूमिका या तैयारी मात्र मानते थे। जीवन की सार्थकता वे भक्ति या भगवद विषयक रीति में ही मानते थे। यद्यपि उनके 'राम' निराकार हैं, किन्तु वे मानवीय भावनाओं के आलम्बन हैं—इसीलिए कबीर ने निराकार निर्गुण राम को भी अनेक प्रकार के मानवीय सम्बन्धों में याद किया है। वे 'भरतार' हैं, कबीर 'बहुरिया' हैं। वे कबीर की माँ हैं 'हरि जननी मैं बालिक तोरा।' वे पिता भी हैं जिनके साथ कबीर बाजार जाने की ज़िद करते हैं।

कबीर भक्ति के बिना सारी साधनाओं को व्यर्थ और अनर्थक मानते हैं। इसी प्रेम और भक्ति के बल पर वे अपने युग के सारे मिथ्याचार, कर्मकाण्ड, अमानवीयता, हिंसा, पर-पीड़ा को चुनौती देते हैं। उनके काव्य, उनके व्यक्तित्व और उनकी साधना में जो अकड़पन, निर्भीकता और दोटूकपन है वह भी इसी भक्ति या महाराग के कारण। वे पूर्व साधनाओं की पारिभाषिक शब्दावली को अपनाकर भी उसमें जो नई अर्थवत्ता भरते हैं, वह भी वस्तुतः प्रेम-भक्ति की ही अर्थवत्ता है।

कबीर अपने अनुभव, पर्यवेक्षण और बुद्धि को निर्णायक मानते हैं, शास्त्र को नहीं। इस दृष्टि से वे यथार्थबोध के रचनाकार हैं। उनके यहाँ जो व्यंग्य की तीव्रता और धार है वह भी कथनी-करनी के अन्तर को देख पाने की क्षमता के कारण। अपने देखने या अनुभव को न झुठलाने के कारण ही वे परम्परा द्वारा दिए गए समाधान को अस्वीकार करके नये प्रश्न पूछते हैं—चलन चलन सब लोग कहत हैं, न जानौं बैकुण्ठ कहाँ है? या न जाने तेरा साहब कैसा है?

कबीर बहुत गहरी मानवीयता और सहृदयता के कवि हैं। अक्खड़ता और निर्भयता उनके कवच हैं, उनके हृदय में मानवीय करुणा, निहीता जगत के सौन्दर्य से अभिभूत होने वाला हृदय विद्यमान है। कबीर की एक और विशेषता है—काल का तीव्र-बोध। वे काल को सर्वग्रासी रूप में चित्रित करते हैं और भक्ति को उस काल से बचने का मार्ग बताते हैं।

परम्परा पर सन्देह, यथार्थ-बोध, व्यंग्य, काल-बोध की तीव्रता और गहरी मानवीय करुणा के कारण कबीर आधुनिक भाव-बोध के बहुत निकट लगते हैं। किन्तु कबीर में अन्तस्साधनात्मक रहस्य-भावना भी है और राम में अनन्य भक्ति तो उनकी मूल भाव-भूमि ही है।

नाद, बिन्दु, कुण्डलिनी, षड्चक्र भेदन आदि का बार-बार वर्णन कबीर-काव्य का अन्तस्साधनात्मक रहस्यवादी पक्ष है। कबीर में स्वाभाविक रहस्य भावना बड़े

मार्मिक तौर पर व्यक्त की गई है। ऐसे अवसरों पर वे प्रायः जिज्ञासु होते हैं–

कहो भइया अंबर कासौं लागा।

कबीर में जीवन के द्वन्द्वात्मक पक्ष को समझ लेने की अद्‌भुत क्षमता थी इस परस्पर विरोधिता को न समझने पर कबीर का मर्म नहीं खुलता। जिसे जीना कहा जाता है, वह वस्तुतः जीवित रहने और मृत्यु की ओर निरन्तर बढ़ते रहने की प्रक्रिया है। फिर भी लोग कुशल पूछते हैं और कुशल बताते हैं। लोग जीने का केवल एक पक्ष देखते हैं, दूसरा नहीं। कबीर इस पर व्यंग्य करते हैं, हँसते हैं और करुणा करते हैं–

कुसल-कुसल ही पूछते कुसल रहा न कोय।
जरा मुई न भय मुआ कुसल कहाँ ते होय॥

कबीर विशाल गतिशील बिम्ब प्रस्तुत करते हुए आकाश और धरती को चक्की के दो पाट बताते हैं :

चलती चाकी देखकर, दिया कबीरा रोय।
दो पाटन के बीच में, साबुत बचा न कोय॥

वे समाधि, सत्संग, गुरु-उपदेश, हरि-भजन आदि की सुखानुभूति का चित्रण उत्कृष्ट इन्द्रिय बोधात्मक तीव्रता के साथ करते हैं :

सतगुर हूमसूं रीझ कर, कहा एक प्रसंग।
बादर बरसा प्रेम का, भीज गया सब अंग॥

कबीर सादृश्य-विधान प्रायः अवर्ण जातियों के व्यवसाय के आधार पर खड़ा करते हैं। जुलाहा, माली, कुम्हार, लोहार, व्याध, कलवार आदि के व्यवसायों का उपयोग वे प्रायः अलंकार योजना में करते हैं। यह प्रायः सभी निर्गुण कवियों में पाया जाता है।

कबीरदास के काव्य में अपने समय की प्रायः सभी साधनाओं का समन्वय मिलता है। वेदान्त, नाथ-सिद्धों की साधना, इस्लाम का प्रभाव उन पर स्पष्ट है। वैष्णव तो थे ही। कबीर ने अनेक पंक्तियों में विष्णु के अवतारी नामों–राम, नरहरि, गोकुल नायक, कान्ह आदि का स्मरण किया है। किन्तु उनका आशय निर्गुण सत्ता से ही होता है। कबीर जब परम सत्ता को निर्गुण कहते हैं तो उनका मतलब गुणरहित सत्ता से नहीं, गुणातीत सत्ता होता है। वे ब्रह्म को समस्त ज्ञात एवं अज्ञात गुणों का स्रोत मानते हैं।

कबीर ने अपने समय की अनेक साधनाओं से प्रभाव ग्रहण किया और उनकी

आलोचना भी की। इस दृष्टि से उन्हें भी समन्वयवादी कहा जा सकता है। वस्तुतः समन्वय का मतलब समझौता नहीं होता। समन्वयवादी अपने आधारभूत सिद्धान्त को नहीं छोड़ता। उस सिद्धान्त पर स्थित रहकर दूसरों की जितनी बातों को वह ग्रहण कर सकता है, स्वीकार कर लेता है। कबीरदास जिनसे ग्रहण करते थे, उनकी अनेक अस्वीकार्य बातों का विरोध भी करते थे।

कबीर निस्सन्देह समाज सुधारक थे। वे वर्ण व्यवस्था, हिंसा, मूर्तिपूजा, बाह्याचार कामिनी-कंचन का विरोध करके समाज को ही सुधारना चाहते थे। समाज-सुधारक होने से उनकी कविता का अपकर्ष नहीं हुआ है। यह धारणा भ्रामक है कि समाज-सुधार की भावना कवित्व की विरोधी है। वस्तुतः समाजसुधार की भावना का सम्बन्ध सामाजिक चेतना से है जिसके अभाव में कवित्वक्षमता का पूर्ण उत्कर्ष नहीं होता।

दोहे

गुरु गोविन्द दोऊ खड़े, काके लागूँ पाय।
बलिहारी गुरु आपने, जिन गोविन्द दियो बताय॥1॥

साधू ऐसा चाहिए, जैसा सूप सुभाय।
सार-सार को गहि रहै, थोथा देइ उड़ाय॥2॥

माली आवत देखि कै, कलियाँ करत पुकार।
फूली-फूली चुन लई, काल्हि हमारी बार॥3॥

पोथी पढ़ि-पढ़ि जग मुवा, पंडित भया न कोइ।
ढाई आखर प्रेम के, पढ़ै सु पंडित होइ॥4॥

पाणी केरा बुदबुदा, अस मानुस की जाति।
देखत ही छिपि जाइंगे, ज्यौं तारे परभाति॥5॥

माटी कहै कुम्हार से, तू क्या रौंदे मोय।
इक दिन ऐसो होयगा, मैं रौंदूँगी तोय॥6॥

कबीर चंदन का बिडा, बढ़्यौ आक पलास।
आप सरीखे कर लिए, जे होते उन पास॥7॥

तेरा साईं तुज्झ में, ज्यों पुहपन में बास।
कस्तूरी का मिरग ज्यों, फिर-फिर ढूँढ़ै बास॥8॥

चकई बिछुरी रैन की, आइ मिलै परभाति।
जे नर बिछुरे राम सों, ते दिन मिलै न राति॥9॥

ऊँचे कुल क्या जनमियाँ, जे करणी ऊँच न होइ।
सोवन कलस सुरे भरया, साधू निंद्या सोइ॥10॥

सूरदास

सूरदास जी के जीवन-वृत्त के सम्बन्ध में बहुत कम ज्ञात हो सका है। महाप्रभु वल्लभाचार्य के पौत्र गोकुलनाथ कृत 'चौरासी वैष्णवन की वार्ता' तथा सूरदास कृत 'सूरसारावली' और 'साहित्य लहरी' के आधार पर आचार्य शुक्ल ने इनका जन्म सं. 1540 और मृत्यु सं. 1620 के आसपास स्वीकार किया है। सूर साहित्य पर महत्त्वपूर्ण आलोचनाओं और शोध ग्रन्थों में इन्हीं तीन कृतियों को आधार बनाकर नवीन तर्कों के द्वारा इन्हीं संवतों को स्वीकार कर लिया गया है। इनके आधार पर सूर की आयु 80 वर्ष ठहरती है। कुछ लोगों की रुचि इनका जन्म सं. 1535 और मृत्यु सं. 1640 स्वीकार करने की रही है। इस प्रकार ये 105 वर्ष के ठहरते हैं। पं. विश्वनाथ प्रसाद मिश्र ने सूरसारावली और साहित्य लहरी वाले आधार को ही अपने प्रखर तर्कों और तथ्यों से ध्वस्त कर दिया है। इस प्रकार जन्म-मृत्यु के सभी सन्-संवत् संदिग्ध हो जाते हैं। ऐसी स्थिति में केवल गोकुलनाथ कृत 'चौरासी वैष्णवन की वार्ता' की सूचनाओं पर ही विश्वास किया जा सकता है। वार्ता के अनुसार महाप्रभु वल्लभाचार्य ने गोवर्धन पर पूरनमल खत्री के द्वारा श्रीनाथ जी का मन्दिर बनवाया था जिसमें सूरदास को कीर्तन-भजन की सेवा सौंपी। मन्दिर सं. 1576 में बना। उसके 11 वर्ष बाद महाप्रभु गोलोकवासी हुए। अतः 1576 से 1587 के बीच सूरदास का वल्लभ सम्प्रदाय में दीक्षित होना और श्रीनाथ जी के मन्दिर में प्रवेश पाना सिद्ध होता है। उस समय तक ये प्रौढ़ कवि के रूप में प्रतिष्ठित हो चुके होंगे और 35-40 वर्ष की इनकी अवस्था हो चुकी होगी। अतः इनका जन्म सं. 1535-40 के आसपास मानने में विशेष कठिनाई नहीं है। सन्त-भक्त प्रायः दीर्घायु होते आए हैं। इसीलिए 80 अथवा 100 वर्ष इनकी आयु रही हो तो असम्भव नहीं। इस प्रकार सं. 1535-40 से सं. 1620-40 के बीच इनका समय ठहराया जा सकता है। सूरसारावली और साहित्य लहरी के अपुष्ट प्रमाणों का आधार लेने की आवश्यकता नहीं प्रतीत होती।

सूरदास आगरा-मथुरा के बीच गऊघाट पर रहते थे। वहीं इनकी भेंट महाप्रभु से हुई। पहले ये एक साधु के रूप में रहा करते थे और अपने शिष्य बनाया

करते थे। महाप्रभु के आगे जब इन्होंने एक विनय का पद गाकर सुनाया तो आचार्यपाद ने अनुग्रहपूर्वक इन्हें शिष्य बना लिया। श्रीनाथ जी के मन्दिर निर्माण के बाद इन्हें कीर्तन सेवा का भार मिला। वहीं गोवर्धन के नीचे पारसोली ग्राम में इनका गोलोकवास हुआ। एक अन्य पुस्तक श्री हरिराय कृत भाव प्रकाश वाली 'चौरासी वैष्णवन की वार्ता' के अनुसार ये दिल्ली के समीप मथुरा मार्ग से कुछ हटकर बसे सीही ग्राम में जन्मे और सारस्वत ब्राह्मण थे। तुलसी के सम्बन्ध में जैसे 'सोरोंमत' प्रमाणित नहीं किया जा सका उसी प्रकार 'सीही' मत की स्थिति है। इनके परिवार आदि के विषय में कुछ ज्ञात नहीं। शिक्षा कितनी पाई थी, इसका भी उल्लेख नहीं मिलता। गान विद्या की प्रवीणता स्वतः सिद्ध है।

सूरदास की तीन रचनाएँ बताई गई हैं—सूरसागर, सूरसागरसारावली (या सूर सारावली) और साहित्य लहरी। डॉ. दीनदयाल गुप्त ने सूररचित पच्चीस पुस्तकों का हवाला दिया है जिनमें इन तीन के अतिरिक्त चार अन्य भी प्रकाशित हो चुकी हैं। लेकिन इन तीन से आगे कृतियाँ स्वीकार करने के पक्ष में कोई नहीं दीखता। इनमें भी सूरसारावली और साहित्य लहरी को पं. विश्वनाथ प्रसाद मिश्र संदिग्ध बताते हैं। यह सूरसागर का सार है इसलिए 'सारावली' कही गई। इस रचना की पुष्पिका में इसे 'सवा लाख पदों का सूची-पत्र' कहा गया है। साहित्य लहरी दुष्टकूट पदों का संग्रह है। इसमें कूटशैली में राधा-कृष्ण की लीला का वर्णन है और अलंकार तथा नायिका भेद के कूट पद भी हैं। मिश्र जी ने इसे सर्वथा नवीन भारतेन्दु के समय में सरदार कवि से कुछ पहले या उनके समय की रचना स्वीकार किया है—सम्भवतः सं. 1917। अस्तु। परम्परा से सूर के यही तीन ग्रन्थ माने जाते रहे हैं। सूरसागर की रचना श्रीमद्‌भागवत पर आधृत है। इसमें बारह स्कंध हैं। इसके सवा लाख पदों के होने की अनुश्रुति मिलती है। लेकिन स्व. जगन्नाथदास रत्नाकर ने लगभग डेढ़ हजार पद संकलित किए थे। बाद में नागरी प्रचारिणी सभा, काशी के तत्वावधान में अन्य खोजों की सामग्री को मिलाकर लगभग 5000 पदों का संग्रह प्रकाशित कराया गया। इसमें पहले से नवें स्कंध तक केवल 618 पद हैं, अकेले दशम स्कंध में 4310 पद हैं और ग्यारहवें में चार तथा बारहवें में पाँच पद हैं। दशम स्कंध में श्रीकृष्ण चरित वर्णित है। इसमें भी कृष्ण-जन्म से लेकर उनके मथुरा जाने और उद्धव को दूत बनाकर ब्रज भेजने और गोपी विरह तक की ही कथा मुख्य है। कृष्ण-चरित की बाल और किशोर लीला का गायन ही मिलता है। महाभारत के कृष्ण का चरित केवल प्रथम स्कंध में पच्चीस-तीस पृष्ठ पर्यन्त मिलता है।

सूरदास भक्त हैं। ये कितनी उच्चकोटि के भक्त हैं इसका प्रमाण यही है

कि गोसाईं बिट्ठलदास ने इन्हें 'अष्टछाप' भक्तों में मूर्धन्य स्थान पर रखा था। महाप्रभु वल्लभाचार्य प्रतिपादित शुद्धाद्वैत दर्शन में भक्ति का मेरुदण्ड 'पुष्टि' बताई गई है। भक्त पर भगवान का अनुग्रह ही पुष्टि है—पोषणं तदनुग्रहः। साधन और साध्य रूपा द्विधा भक्ति से पोषण भाव स्पष्ट होता है। साधन भक्ति में भक्त प्रयत्न करता है जबकि साध्य रूपा भक्ति में भक्त अपने समस्त गुण-धर्म विसर्जित करके स्वयं को भगवत् शरण में छोड़ देता है। इस 'पुष्टि मार्ग' का ग्रहण कर लेने पर भक्त की चिन्ता स्वयं भगवान करते हैं। भक्त को तो अनुग्रह का ही अवलम्ब रहता है। इसी से 'सामीप्य मुक्ति' का मार्ग प्रशस्त होता है। सूरदास वल्लभ सम्प्रदाय में विधिवत् दीक्षित महात्मा थे। जिस प्रकार तुलसी सम्प्रदाय विशेष की मान्यता और दर्शन से मुक्त रहे वैसा सूर ने नहीं किया। इस अर्थ में सूर काव्य में सम्प्रदायगत आग्रह अधिक मिलता है।

वल्लभ सम्प्रदाय में कृष्ण-भक्ति की व्यवस्था है। श्रीमद्भागवत में वर्णित कृष्णचरित के अनुरूप ही सूर ने लीला गान किया। इस पर कुछ लोगों ने अपने अज्ञानवश सूरसागर को भागवत पुराण का अनुवाद समझने की भूल की है। सूरसागर में वर्णित कृष्ण लीला नितान्त स्वतन्त्र विधान में नियोजित है। सूर ने केवल बाल और किशोर लीला का गान किया है। आचार्य शुक्ल ने इस प्रवृत्ति को 'लोकरंजन' कहा है। द्वारकाधीश कृष्ण जो लोकव्यवस्था के रक्षार्थ अर्पित हैं, सूरसागर में अनुपस्थित हैं। सूर ने तो कृष्ण की वात्सल्य और प्रेममयी मूर्ति को आलम्बन बनाकर माधुर्य और सौन्दर्य की अजस्र धारा बहाई है जिसमें अवगाहन कर मानव मात्र धन्य हो उठा। एक ही भाव, स्थिति, परिवेश का चित्रण करने में सूर ने पदों की झड़ी-सी लगा दी है। इतने प्रौढ़ और रस-स्निग्ध पदों को देखकर ही शुक्ल जी ने अनुमान किया है कि सूर से पहले कृष्ण लीला की गीत परम्परा अवश्य रही होगी। जयदेव और विद्यापति की पदावली की पूर्व उपस्थिति इसका प्रमाण है। लेकिन ब्रजभाषा में भी यह गीत परम्परा रही होगी भले ही इसका स्वरूप मौखिक (लोक काव्य वाला) रहा हो।

सूर वात्सल्य और शृंगार के कवि हैं। इन दो भावों के अनन्त समुद्र में सूर की पैठ इतनी गहरी है कि अन्य कवियों की 'उक्तियाँ' सूर की जुठी-सी जान पड़ती हैं। यद्यपि सूर ने लोक संग्रह की चिन्ता नहीं की फिर भी उनकी प्रतिभा सदैव बाह्यार्थ निरूपिणी रही है। कृष्ण चरित्र लोक में प्रतिष्ठित है। मुक्तक विशेषकर प्रगीत मुक्तक के लिए आत्मनिष्ठता के जिस गुण को अनिवार्य माना गया है, सूर की रचना उससे भली-भाँति मुक्त है। इस वस्तुपरकता के कारण यह सर्वजन संवेद्य और सार्वभौमिक है।

श्रृंगार और वात्सल्य की 'जिस परिमित पुण्य-भूमि में उनकी वाणी ने संचरण किया उसका कोई कोना अछूता न छूटा।' 'इन दोनों क्षेत्रों में तो इस महाकवि ने मानो औरों के लिए कुछ छोड़ा ही नहीं।' इन उक्तियों के क्रम में आचार्य शुक्ल ने तुलसी की गीतावली के बालवर्णन पर भी सूर का प्रभाव स्वीकार किया है। बाल चेष्टाओं में क्रीड़ा, विनोद, स्पर्धा, क्षोभ, हठ जैसे अनन्त भावों और दशाओं के चित्रों से समृद्ध सूर की रचना अपना 'सागर' नाम चरितार्थ करती है :

—घुटरुन चलत, रेनु तन मंडित, मुख दधि लेप किए।
—अरबराय करि पानि गहावत, डगमगाय धरै पैयाँ।
—सूरदास को ठाकुर ठाढ़ो हाथ लकुटि लिए छोटी।
—मैं बारो बहिंयन को छोटो छींको केहि बिधि पायों।
—यह ले अपनी लकुटि कमरिया बहुतक नाच नचायौ।
—कितिक बार मोहिं दूध पियत भई, यह अजहूँ है छोटी।
—बारक वह मुख फेरि देखावहु दुहि पय पियत पतूखी।

इसी प्रकार श्रृंगारी चेष्टाओं को भी देखा जा सकता है :

—धेनु दुहत अति ही रति बाढ़ी।
एक धार दोहनि पहुँचावत एक धार जहँ प्यारी ठाढ़ी॥
—आपुन पौढ़ि अधर सज्जा पर कर पल्लव सों पद पलुटावति।
भृकुटी कुटिल कोप नासा पुट हम पर क्रोध करावति।
—मधुवन तुम कत रहत हरे।
बिरह वियोग स्याम सुन्दर के ठाढ़े क्यों न जरे।

सूर का सौन्दर्यबोध अद्वितीय है। प्रेमासक्त हृदय की सहज अनुभूतियों की स्वाभाविक व्यंजना सूर के काव्य में हुई है। इनका वियोग वर्णन किंचित् रूढ़ और परम्परागत है लेकिन 'भ्रमर गीत' प्रसंग में आभ्यन्तर पक्ष का विलक्षण उद्‌घाटन हुआ है। 'भ्रमरगीत' की परम्परा भागवत से चलकर प्रायः सभी कृष्ण-भक्त कवियों में मिलती है। लेकिन सूर का 'भ्रमरगीत' इस माला का सुमेरु है। निर्गुण-सगुण विवाद के दार्शनिक महत्त्व से परे भावुकता-सौकुमार्य और वचनवक्रता के योग का ऐसा उदाहरण मिलना दुर्लभ है। लक्षणा-व्यंजना का अद्‌भुत चमत्कार सूर ने उत्पन्न किया है।

चित्रात्मकता और बिम्ब योजना सूर की रचना का अंगभूत तत्त्व है। सूरसागर रूप-रस-गन्ध-शब्द-स्पर्श बिम्बों का खजाना है। इसमें स्थिर और गतिमान दोनों प्रकार के बिम्ब हैं। संगीत सूर की भाषा का प्रमुख विधायक तत्त्व है। भाषा में लय और प्रवाह की अनोखी गति मिलती है। इसके लिए सूर ने लोक भाषा का

मुहावरा उठाया है। ब्रज भाषा को एक साथ लोक और शास्त्र का संस्कार देकर इन्होंने काव्यसिंहासनारूढ़ किया। सूर की भाषा में वैभाषिक तत्त्वों की उपस्थिति का संकेत भी किया गया है जिससे उसकी सामर्थ्य में वृद्धि हुई है।

इतना सब होते हुए भी सूर कठिन कवि हैं। लेकिन उस अर्थ में नहीं जैसे केशवदास हैं। सूर के दृष्टकूटों को समझने के लिए काव्य-परम्परा, शास्त्र-परम्परा, लोक-परम्परा, दर्शन-व्याकरण-ज्योतिष, आयुर्वेद-राजनीति सभी का ज्ञान तो आवश्यक है ही, इनकी वात्सल्य और शृंगारी रचना को भी काव्य परम्परा का सम्यक् बोध हुए बिना पूरी तरह नहीं समझा जा सकता।

सूर वास्तव में काव्याकाश के 'सूर' हैं। इनकी कविता-कालिंदी में रसमग्न होकर सामान्य जन तो प्रेम की थाह पाता ही आया है, आगे के कवि जन भी इनके ऋणी बनते आये हैं।

पद

चरण कमल बन्दौ हरि राइ।
जाकी कृपा पंगु गिरि लंघै, अन्धे को सब कछु दरसाइ।
बहिरौ सुनै, मूक पुनि बोलै, रंक चलै सिर छत्र धराइ।
सूरदास स्वामी करुनामय बार-बार बन्दौ तोहि पाइ॥1॥

सोबित कर नवनीत लिए।
घुटुरुनि चलत रेनु-तन-मंडित, मुख दधि लेप किए।
चारु कपोल, लोल लोचन, गोरोचन तिलक लिए।
लट-लटकनि मधुमत्त मधुप गन, मादक मधुहिं पिए।
धन्य सूर एकौ पल इहिं सुख, का सत कल्प जिए॥2॥

मैया मोहि दाउ बहुत खिझायो।
मोसो कहत मोल को लीनो, तू जसुमति कब जायो।
कहा कहौं यहि रिस के मारे, खेलन हौं नहिं जातु।
पुनि-पुनि कहत कौन है माता, को है तुम्हरो तातु।
गोरे नन्द जसोदा गोरी, तुम कत स्याम शरीर।
चुटकी दै-दै हँसत बाल सब, सिखै देत बलवीर।
तू मोही को मारन सीखी, दाऊहिं कबहू न खीझै।
मोहन को मुख रिससमेत लखि, जसुमति सुनि-सुनि रीझै॥3॥

ऊधो कहा कथत विपरीति।
जुवतिन जोग सिखावत आए, यह तो उलटी रीति।
जोतत धेनु दुहत पय वृष को करन लगे जो अनीति।
चक्रवाक शशि को क्यों जानै? रवि चकोर कहँ प्रीति।
पाहन तरै, काठ जो बूडै, तो हम मानै नीति।
सूर स्याम प्रति अंग माधुरी रही गोपिका जीति॥4॥

बिहारी लाल

रीतिकाल की रीतिसिद्ध काव्यधारा के प्रतिनिधि कवि बिहारी लाल का जीवनवृत्त डॉ. ग्रियर्सन, जगन्नाथ दास रत्नाकर, मिश्रबन्धु, अम्बिका दत्त व्यास, राधाचरण गोस्वामी आदि विद्वानों ने अन्तःसाक्ष्य एवं बाह्यसाक्ष्य पर खोजने का प्रयास किया है। एक दोहे में बिहारी ने लिखा—

जनमु ग्वालियर जानियै खण्ड बुन्देलै जान।
तरुनाई आई सुघर, बसि मथुरा ससुराल॥

अर्थात् बिहारी का जन्म बुन्देलखण्ड के ग्वालियर शहर में हुआ तथा यौवन में विवाहोपरान्त वे अपने ससुराल में रहने लगे। एक अन्य दोहे में अपनी जन्म तिथि का संकेत कूट शैली में किया है, यथा—

संवतु जुग सर रस सहित भूमि रीति गिनि लीन।
कातिक सुदि बुध अष्टमी, जन्म हमें विधि दीन॥

अर्थात् जुग-दो, सर-पाँच (कामदेव के) सहित-छह भूमि-एक इस प्रकार 2561 की संख्या आती है जिसे यदि उल्टा कर दिया जाए तो 1652 बनता है जो बिहारी का जन्म संवत् है। अपने वंश के विषय में बिहारी ने लिखा है—

प्रगट भये द्विजराज कुल, सुबस बसे ब्रज आइ।
मेरौ हरौ कलैसु सबु, केसो केसौ राइ॥

इससे स्पष्ट होता है कि वे स्वयं ब्रज में आकर बस गए थे तथा केशव उनके गुरु तथा केशवराय उनके पिता थे। बिहारी का जन्म माथुर वंश में हुआ वे माथुर चौबे थे। उनका बचपन बुन्देलखण्ड में बीता और वे ओरछा नरेश के यहाँ भी रहे। ओरछा नरेश की मृत्यु के पश्चात् वे वृंदावन आकर रहने लगे थे। संवत् 1675 में शाहजहाँ ने उन्हें अपना दरबारी कवि बनाया था। अनेक राजाओं के यहाँ से उन्हें वृत्ति मिलती थी। चित्तौड़ के राजा जयसिंह को कर्तव्य बोध करवाने के लिए उन्होंने दो दोहे लिखे थे, ऐसा लोक प्रसिद्ध है।

बिहारी की एकमात्र रचना बिहारी सतसई उपलब्ध है जिसमें 719 दोहे हैं। यह मूलतः शृंगारिक रचना है परन्तु भक्ति नीति के दोहे भी इसमें संकलित हैं।

केवल एक रचना के बल पर विश्व साहित्य में अपना नाम दर्ज करवाने वाले कवि बिहारी की यह रचना दोहे जैसे छोटे छन्द में गम्भीर अर्थ भरने के लिए प्रसिद्ध है। बिहारी सतसई पर भर्तृहरि और हाल की सतसइयों के साथ-साथ अमरूक शतक का विशेष प्रभाव है।

बिहारी सतसई के दोहे कल्पना और बिम्बात्मकता के माध्यम से पूर्ण प्रसंगों का सृजन करते हैं। सतसई का पहला दोहा कल्पना की समाहार शक्ति का सुन्दर उदाहरण है—

मेरी भव बाधा हरौ, राधा नागरि सोइ।
जा तन की झांईं परै, स्यामु हरित दुति होइ॥

सतसई के दोहों में भाषा की समास शक्ति के दर्शन होते हैं। शब्द चयन इतना सटीक एवं सारगर्भित है कि एक भी शब्द अपने स्थान से हटाया नहीं जा सकता, यथा—

बतरस लालच लाल की मुरली धरी लुकाय।
सौंह करै, भौंहनि हँसे दैन कहे, नटि जाय॥

कम से कम शब्दों में राधा और कृष्ण की छेड़छाड़ और हास-परिहास का पूरा प्रसंग उभर आता है।

बिहारी के दोहे श्रेष्ठ मुक्त-काव्य का उदाहरण प्रस्तुत करते हैं क्योंकि प्रत्येक दोहा एक स्वतन्त्र प्रसंग, स्वतन्त्र भाव या विचार को प्रकट करता है। उनके द्व ारा रचे गए नीति के दोहे भी शुष्क तथ्य कथन नहीं है। राजा जयसिंह को लिखा यह दोहा उपदेशात्मक होकर भी काव्यात्मक है क्योंकि इसमें प्रकृति-चित्रण का सहारा लेकर सांकेतिक रूप में बात कही गई है—

नाहिं पराग, नाहिं मधुर मधु, नहिं बसन्त इह काल।
अलि कलि ही सों बैधयौ, आगे कौन हवाल॥

बिहारी की सूक्तियों में वचन की वक्रता सर्वत्र है।

बिहारी ने अपने समकालीनों की तरह शब्द खिलवाड़ प्रायः नहीं किया है। रीति को सिद्ध कर लेने वाले इस महाकवि की भाषा में दुरूहता, ग्रामयत्व अथवा अश्लीलता का दोष नहीं है। शुक्लजी के शब्दों में कहें तो बिहारी के दोहे रस की छीटें हैं। बिहारी सतसई में साम्य तथा वैषम्य-मूलक अलंकारों की भरमार है। शब्दालंकार भी पर्याप्त है परन्तु अनुप्रास के चक्कर में उन्होंने अर्थ को खोया नहीं है। रूप वर्णन, प्रेम व्यापार वर्णन, नायिका भेद, हाव-भाव, अनुमान वर्णन, मिलन तथा विरह वर्णन में कवि को सफलता मिली है। कुछ ऊहात्मक चित्र भी आए हैं जिनसे बिहारी की नायिका परिहास की पात्र बनी है। ये ऊहात्मक वर्णन

दरबारी और फारसी प्रभाव के परिणाम हैं। उसाँसों के साथ घड़ी के पेंडुलम की तरह दाएँ-बाएँ उड़ने वाली नायिका करुणा की नहीं, उपहास की पात्र बन जाती है। छोटी-मोटी कमियों को यदि छोड़ दें तो बिहारी की सतसई मुक्तक काव्य का आदर्श प्रस्तुत करती है, इसीलिए कहा है–

सतसइया के दोहरे, ज्यों नाविक के तीर।
देखन में छोटे लगैं, घाव करें गम्भीर॥

दोहे

मेरी भव-बाधा हरौ, राधा नागरि सोइ।
जा तन की झाँईं परै, स्याम हरित-दुति होइ॥1॥

अजौं तर्यौना ही रह्यौ श्रुति सेवत इक रंग।
नाक-बास बेसरि लह्यौ बसि मुकुतन के संग॥2॥

तंत्री-नाद कवित्त-रस, सरस राग, रति-रंग।
अन बूड़े बूड़े तरे, जे बूड़े सब अंग॥3॥

अधर धरत हरि के परत, ओठ दीठि पर ज्योति।
हरित बाँस की बाँसुरी इन्द्रधनुष रंग होति॥4॥

चिरजीवौ जोरी जुरै क्यौं न सनेह गम्भीर।
को घटि ये वृषभानुजा वे हलधर के बीर॥5॥

कनक कनक ते सौ गुनी मादकता अधिकाइ।
वा खाये बौराय जग, या पाये बौराय॥6॥

कहलाने एकत बसत, अहि मयूर, मृग बाघ।
जगत तपोबन सौ कियौ, दीरघ-दाघ-निदाघ॥7॥

गिरि तें ऊँचे रसिक मन बूडै जहाँ हजार।
वहै सदा पसु नरन कौं प्रेम-पयोधि पगार॥8॥

नहिं पराग नहिं मधुर मधु नहिं विकास इहिं काल।
अली कली ही सौं बँध्यौ, आगें कौन हवाल॥9॥

करौ कुबत जग कुटिलता तजौं न दीनदयाल।
दुःखी होहुगे सरल हिय बंसत त्रिभंगी लाल॥10॥

मैथिलीशरण गुप्त

परम वैष्णव बाबू मैथिलीशरण गुप्त का जन्म चिरगाँव (झाँसी) में सन् 1886 ई. में एक सम्पन्न परिवार में हुआ। बचपन से ही इनका रुझान कविता की ओर था। गुप्त जी के पिताजी की भी कविता-लेखन में रुचि थी। उन्होंने तथा आचार्य महावीरप्रसाद द्विवेदी ने इनके काव्य संस्कारों को प्रोत्साहित किया। इन्होंने अपना कवि-जीवन ब्रजभाषा से प्रारम्भ किया।

गुप्त जी अनेक वर्षों तक राज्यसभा के सदस्य रहे। उन्हें 'राष्ट्रकवि' की उपाधि से भी सम्मानित किया गया। आगरा विश्वविद्यालय ने उन्हें डी.लिट्. की मानद डिग्री प्रदान कर स्वयं को गौरवान्वित किया। 'साकेत' पर आपको हिन्दी साहित्य सम्मेलन की ओर से मंगलाप्रसाद पारितोषिक दिया गया था। आपकी रचनाएँ भारतीय संस्कृति के प्रति गहरी निष्ठा तथा राष्ट्र के प्रति प्रेम से ओत-प्रोत हैं। उन्होंने अपनी रचनाओं में पुराख्यानों को आधुनिक सन्दर्भों में प्रस्तुत किया है। उपेक्षित नारी के प्रति गुप्त जी में असीम सहानुभूति है और उन्हें परम्परागत आक्षेपों अथवा उपेक्षाओं से उन्होंने मुक्त करने की कोशिश भी की है।

'भारत भारती, में प्राचीन भारतीय गौरव के प्रति कवि की आस्था व्यक्त हुई है। उसमें आर्य समाज के तत्कालीन आन्दोलन का प्रभाव है। फिर भी कवि ने भविष्य के लिए आशा का सन्देश दिया है। 'भारत भारती' ने उन दिनों विदेशी शासन से मुक्ति पाने में अपूर्व प्रेरणा दी। समूचे हिन्दी-भाषी प्रदेश को उद्बुद्ध और प्रेरित करने में इस पुस्तक ने प्रशंसनीय शक्ति का परिचय दिया। 'साकेत' नामक महाकाव्य में गुप्त जी मर्यादा प्रेमी भारतीय कवि के रूप में आये हैं। उनके चित्त में परिवार-विच्छिन्न प्रेम की ऐकान्तिक संवेदना जाग्रत करने वाले भावावेग का बहुत अधिक मूल्य नहीं है। मैथिलीशरण गुप्त ने लगभग आधी शताब्दी तक हिन्दी-भाषी जनता को निरन्तर प्रेरणा दी। वे सच्चे अर्थों में राष्ट्र कवि हैं।

प्रमुख रचनाएँ : भारत भारती, जयद्रथ वध, पंचवटी, साकेत, यशोधरा, सिद्धराज तथा द्वापर आदि।

सन् 1964 ई. में निधन।

माँ, कह एक कहानी

"माँ, कह एक कहानी।"
"बेटा, समझ लिया क्या तूने
मुझको अपनी नानी?"
"कहती है मुझसे यह चेटी,
तू मेरी नानी की बेटी!
कह माँ! कह, लेटी ही लेटी,
राजा था या रानी?
राजा था या रानी?
माँ, कह एक कहानी।"

"तू है हठी मानधन मेरे,
सुन, उपवन में बड़े सवेरे,
तात भ्रमण करते थे तेरे,
जहाँ सुरभि मनमानी?"
"जहाँ सुरभि मनमानी?
हाँ, माँ यही कहानी।"

"वर्ण वर्ण के फूल खिले थे,
झलमल कर हिम बिन्दु झिले थे,
हलके झोंके हिले-मिले थे,
लहराता था पानी।"
"लहराता था पानी?
हाँ, हाँ, यही कहानी।"

"गाते थे खग कल-कल स्वर से,
सहसा एक हंस ऊपर से
गिरा, बिद्ध होकर खर-शर

से।

    हुई पक्ष की हानी!"
"हुई पक्ष की हानी?
    करुणा भरी कहानी!"

"चौंक उन्होंने उसे उठाया,
नया जन्मा सा उसने पाया।
इतने में आखेटक आया,
    लक्ष्य सिद्धि का मानी।"
"लक्ष्य सिद्धि का मानी?
    कोमल कठिन कहानी।"

"माँगा उसने आहत पक्षी,
तेरे तात किन्तु थे रक्षी।
तब उसने जो था खगभक्षी–
    हठ करने की ठानी।"
"हठ करने की ठानी?
    अब बढ़ चली कहानी।"

"हुआ विवाद सदय-निर्दय में,
उभय आग्रही थे स्वविषय में
गयी बात तब न्यायालय में,
    सुनी सभी ने जानी।"
"सुनी सभी ने जानी ?
    व्यापक हुई कहानी।"

"राहुल, तू निर्णय कर इसका–
न्याय पक्ष लेता है किसका?
कह दे निर्भय, जय हो
जिसका।
    सुन लूँ तेरी बानी।"
"माँ, मेरी क्या बानी?
    मैं सुन रहा कहानी।"

"कोई निरपराध को मारे

तो क्यों अन्य उसे न उबारे?
रक्षक पर भक्षक को वारे,
न्याय दया का दानी।"
"न्याय दया का दानी?
तूने गुनी कहानी।"

सूर्यकान्त त्रिपाठी 'निराला'

ओजस्विता, दार्शनिक गम्भीरता तथा राष्ट्रीय भावनाओं के उदात्त स्वर उठाकर हिन्दी कविता को नवीन आयाम पर ला खड़ा करने का श्रेय सूर्यकान्त त्रिपाठी 'निराला' जी को ही है। उनके बहुमुखी व्यक्तित्व तथा प्रतिभा ने साहित्य के जिस अंग को भी स्पर्श किया उसे चरमोन्नति तक पहुँचा दिया। भावुकता तथा पौरुष के अद्भुत समन्वय वाले 'निराला' जी का व्यक्तित्व अन्य छायावादियों की तुलना में सर्वाधिक गरिमामय था। जीवन की विपरीत परिस्थितियों से निरन्तर जूझने वाले 'निराला' ने स्वयं आत्मपरिचय देते हुए लिखा है—"मेरे पास एक कवि की वाणी, कलाकार के हाथ, पहलवान की छाती और दार्शनिक के पैर हैं।" महाप्राण निराला जी का जन्म 1898 ई. की वसन्त-पंचमी के दिन हुआ। बंगाल के महिषादल राज्य के कर्मचारी अपने पिता पं. रामसहाय जी के अत्यन्त कठोर और क्रूर अनुशासन में रहकर उन्होंने राज्य की ओर से व्यवस्थित बांग्ला, संस्कृत एवं अंग्रेजी भाषाओं के अतिरिक्त बंगला संगीत की शिक्षा प्राप्त की।

अपने समकालीन अन्य सभी छायावादी कवियों की तरह प्रकृति के उपादानों को प्रतीक रूप में देखने की छायावादी प्रवृत्ति निराला जी में भी थी। अपनी एक कविता में वे बादल से 'झूम-झूम मृदु गरज-गरज घनघोर राग अमर अम्बर में भर निज रोर' की प्रार्थना करते हैं तो दूसरी कविता में बादल को विप्लव का प्रतीक मानते हुए उससे कृषक अधीर का कष्ट दूर करने का अनुरोध करते हैं। उनकी स्वदेश प्रेम सम्बन्धी चेतना का स्वरूप सांस्कृतिक है। अपने प्रसिद्ध गीत 'भारति जय विजय करे' में प्रकृति सौन्दर्य पर आधारित भारत माता का एक सर्वांगीण चित्र वे प्रस्तुत करते हैं। देश के प्राचीन सांस्कृतिक गौरव का निरन्तर ध्यान करने वाले निराला का हृदय वर्तमान भारत की आर्थिक विपन्नता से दुखित हुआ और उन्होंने निम्नलिखित गीत में यह कामना व्यक्त की कि भारत की ऐश्वर्य देवी जागे और उसकी दृष्टि भारत के भीतर के व्यवसाय में ही नहीं, बल्कि बाहर भी जाये, समस्त संसार में फैले।

काव्य-संग्रह—परिमल, बेला, नये पत्ते, अनामिका, अणिमा, गीतिका, अपरा, तुलसीदास, अर्चना, आराधना, गीतगुंज, सान्ध्यकाकली।

कहानी-संग्रह—लिली, सुकुल की बीवी, चतुरी चमार और सखी।

उपन्यास—अलका, अप्सरा, चमेली, चोटी की पकड़, निरुपमा, प्रभावती, उच्छृंखल।

रेखाचित्र—कुल्ली भाट, बिल्लेसुर बकरिहा।

निबन्ध—प्रबन्धपद्य, प्रबन्ध प्रतिमा, प्रबन्ध परिचय, रवीन्द्र काननकुसुम।

बादल-राग : 6

तिरती है समीर-सागर पर
अस्थिर सुख पर दुख की छाया—
जग के दग्ध हृदय पर
निर्दय विप्लव की प्लावित माया—
यह तेरी रण-तरी
भरी आकांक्षाओं से,
घन, भेरी-गर्जन से सजग सुप्त अंकुर
उर में पृथ्वी के, आशाओं से
नवजीवन की, ऊँचा कर सिर,
ताक रहे हैं, ऐ विप्लव के बादल!
फिर-फिर।
बार-बार गर्जन
वर्षण है मूसलधार,
हृदय थाम लेता संसार,
सुन-सुन घोर वज्र-हुंकार।
अशनि-पात से शायित उन्नत शत-शत वीर,
क्षत-विक्षत हत अचल-शरीर,
गगन-स्पर्शी स्पर्द्धा-धीर।
हँसते हैं छोटे पौधे लघुभार—
शस्य अपार,
हिल हिल,
खिल खिल,
हाथ हिलाते,
तुझे बुलाते,
विप्लव-रव से छोटे ही हैं शोभा पाते।

अट्टालिका नहीं है रे
आतंक-भवन,
सदा पंक पर ही होता
जल-विप्लव-प्लावन,
क्षुद्र प्रफुल्ल जलज से
सदा छलकता नीर,
रोग-शोक में भी हँसता है
शैशव का सुकुमार शरीर।
रुद्ध कोष है, क्षुब्ध तोष,
अंगना-अंग से लिपटे भी
आतंक-अंक पर काँप रहे हैं
धनी, वज्र-गर्जन से बादल!
त्रस्त नयन-मुख ढाँप रहे हैं।
जीर्ण बाहु, है शीर्ण शरीर,
तुझे बुलाता कृषक अधीर,
ऐ विप्लव के वीर!
चूस लिया है उसका सार,
हाड़ मात्र ही है आधार,
ऐ जीवन के पारावार!

सुमित्रानन्दन पन्त

छायावाद के सुकुमार कवि पन्त का जन्म सन् 1901 ई. में अल्मोड़ा जिले के कौसानी नामक पर्वतीय ग्राम में हुआ था। जन्म के छह महीने बाद ही इनकी माताजी का देहावसान हो गया। इनके बचपन का नाम गोसाईंदत्त पन्त था। शिशु-अवस्था से ही प्रकृति के क्रोड में पलने के कारण इनकी कविताओं में प्रकृति के बहुरंगी चित्र मिलते हैं। प्रकृति इनको प्रिया, माँ, सहचरी तथा सखी सभी रूपों में आकर्षित करती रही।

काव्य-जीवन के प्रारम्भ में आप छायावाद से जुड़े, तदनन्तर मार्क्सवाद एवं गाँधीवाद के अन्तर्बाह्य संयोजन में अपनी वैचारिक भूमि तलाशते रहे। जीवन के सन्ध्याकाल में वे अरविन्द चेतना की ओर मुड़ गये। इस प्रकार सुन्दर से प्रारम्भ इनकी यात्रा शिव का संस्पर्श करती हुई सत्य के घाट जा लगी। 'लोकायतन' नामक महाकाव्य पर इन्हें साहित्य अकादेमी तथा 'चिदम्बरा' पर इन्हें भारतीय ज्ञानपीठ का पुरस्कार मिला था। कुछ समय तक इन्होंने 'रूपाभ' पत्रिका का सम्पादन किया था। पन्त जी ने 'कल्पना' नामक फिल्म के लिए गीत भी लिखे थे।

पन्त प्रकृति को मानव सहचरी के रूप में देखते हैं और उसमें अनन्त प्रेरणाएँ पाते हैं। पन्त जी की प्रारम्भिक रचनाओं में प्रकृति का सहज सौन्दर्य-स्फुरण मिलता है। उनकी स्वदेश प्रेम सम्बन्धी चेतना का स्वरूप सांस्कृतिक है और अपने देश प्रेम के भावों को उन्होंने सांस्कृतिक जागरण की आकांक्षा से मण्डित किया। उसमें केवल क्षणिक आवेश नहीं बल्कि स्थायी मनोभाव है। 'ग्राम्या' और 'युगवाणी' में पन्त की कई देश-प्रेमपूर्ण कविताएँ मिलती हैं और 'भारत माता ग्रामवासिनी' गीत की भावव्यंजना अपने ढंग की अनूठी है। अपने खण्ड-काव्य 'ग्रन्थि' में उन्होंने उन्मुक्त-प्रेम की विफलता का चित्रण किया है।

प्रमुख रचनाएँ :–

कविता–पल्लव, गुंजन, ग्रन्थि, ग्राम्या, स्वर्णकिरण, कला और बूढ़ा चाँद, लोकायतन।

नाटक–ज्योत्स्ना।

कहानी–पाँच कहानियाँ।

सुमित्रानन्दन पन्त का देहावसान सन् 1977 ई. में हुआ।

मोह

छोड़ द्रुमों की मृदु-छाया,
तोड़ प्रति से भी माया,
बाले! तेरे बाल-जाल में कैसे उलझा दूँ लोचन?
भूल अभी से इस जग को!
तज कर तरल-तरंगों को,
इन्द्र-धनुष के रंगों को,
तेरे भ्रूरू-भंगों से कैसे बिंधवा दूँ निज मृग-सा मन?
भूल अभी से इस जग को!
कोयल का वह कोमल-बोल,
मधुकर की वीणा अनमोल,
कह, तब तेरे ही प्रिय-स्वर से कैसे भर लूँ सजनि! श्रवन?
भूल अभी से इस जग को!
ऊषा-सस्मित किसलय-दल,
सुधा रश्मि से उतरा जल,
ना, अधरामृत ही के मद में कैसे बहला दूँ जीवन?
भूल अभी से इस जग को!

नागार्जुन

हिन्दी तथा मैथिली में समान रूप से लिखने वाले कवि तथा उपन्यासकार नागार्जुन का जन्म दरभंगा (बिहार) जिले के तरौनी ग्राम में सन् 1911 ई. में हुआ था। इनका वास्तविक नाम वैद्यनाथ मिश्र, हिन्दी में लेखन 'नागार्जुन' के नाम से तथा मैथिली में 'यात्री' नाम से किया। बाबा नाम से आदरपूर्वक बुलाये जाने वाले नागार्जुन ने काशी संस्कृत विद्यालय से व्याकरण मध्यमा परीक्षा उत्तीर्ण की। सिंहलद्वीप जाकर बौद्ध धर्म में दीक्षित हुए। स्वाध्याय से ही आपने हिन्दी, संस्कृत, अंग्रेजी, मैथिली, पालि, अर्धमागधी, अपभ्रंश, तिब्बती, मराठी, गुजराती, बंगाली, पंजाबी, सिन्धी, सिंहली भाषाओं का ज्ञान प्राप्त किया। नागार्जुन ने अनेक भाषाओं में साहित्य रचना भी की है।

नागार्जुन जनवादी कवि तथा गद्य-लेखक हैं। मार्क्सवादी दर्शन से प्रभावित हैं तथा करुणा, मैत्री, मानवतावादी सोच इनकी रचनाओं में मिलती है। राजनीतिक दृष्टि से जागरूक रचनाकार हैं। समाज में व्याप्त शोषण तथा अन्याय उन्हें व्यथित करता है। उनकी निष्ठा समाजवाद तथा जनतन्त्र में है। देशभक्ति का भाव प्रत्यक्ष तथा परोक्ष रूप में रचनाओं में उपस्थित रहता है। आप घुमक्कड़ वृत्ति के हैं। आपने सन् 1934 में ही घर छोड़ दिया था। उसके बाद घर के प्रति बहुत लगाव नहीं रहा। इनका बहुआयामी व्यक्तित्व इनके साहित्य में भी झलकता है।

इनकी कविताओं में संस्कृत की ललित शब्दावली का प्रयोग है। प्रकृति-वर्णन में इनकी भाषा सरल तथा स्वाभाविक है। व्यंग्यात्मक शब्दों का भी प्रयोग है। आधुनिक हिन्दी कविता में शिष्ट-गम्भीर-हास्य तथा सूक्ष्म-चुटीले-व्यंग्य की दृष्टि से नागार्जुन की कविताएँ अपनी विशिष्ट पहचान रखती हैं। सामान्यतः लोकोन्मुखी भाषा का प्रयोग किया है।

नागार्जुन ने अनुवाद भी किया। बाल साहित्य की रचना की। उनके मैथिली

काव्य-संग्रह 'पत्रहीन नग्न गाछ' को 1969 ई. में साहित्य अकादेमी की ओर से पुरस्कार प्राप्त हुआ। हिन्दी संस्थान, लखनऊ द्वारा 1983 ई. में 'विशिष्ट साहित्यकार' के रूप में सम्मानित किया गया।

आपकी प्रसिद्ध कृतियाँ हैं—भस्मांकुर, युगधारा, सतरंगे पंखों वाली, बलचनमा, बाबा बटेसरनाथ आदि।

नागार्जुन का निधन सन् 1998 ई. में हुआ।

प्रेत का बयान

"ओ रे प्रेत"—
कड़क कर बोले नरक के मालिक यमराज
"सच-सच बतला!
कैसे मरा तू?
भूख से, अकाल से?
बुखार, कालाजार से?
पेचिश, बदहजमी, प्लेग, महामारी से?
कैसे मरा तू, सच-सच बतला!"
खड़ खड़ खड़ खड़ हड़ हड़ हड़ हड़ हड़
काँपा कुछ हाड़ों का मानवीय ढाँचा
नचाकर लम्बी चमचों-सा पंचगुरा हाथ
रूखी-पतली किट-किट आवाज़ में
प्रेत ने जवाब दिया :
"महाराज!
सच-सच कहूँगा
झूठ नहीं बोलूँगा
अब हम गुलाम नहीं
नागरिक हैं हम स्वाधीन भारत के
पूर्णिया जिला है सूबा बिहार के सिवान पर
थाना धमदाहा
बस्ती रूपउली
जात का कायथ
उमर कुछ अधिक पचपन साल की
पेशा से प्राइमरी स्कूल का मास्टर था
तनखा थी तीस रुपैया, सो भी नहीं मिली

मुश्किल से काटे हैं
एक नहीं दो नहीं नौ नौ महीने
धरती थी, माँ थी, बच्चे थे चार
आ चुके हैं वे भी दया-सागर, करुणा के अवतार
आप ही की छाया में
मैं ही बाकी
क्योंकि करमों की पत्तियाँ अभी कुछ शेष थीं
हमारे अपने पुश्तैनी पोखर में
मनोबल शेष था सूखे शरीर में...''
''अरे वाह—''
भभाकर हँस पड़ा नरक का राजा
दमक उठीं झालरें कम्पमान सिर के मुकुट की
फर्श पर ठोंककर सुनहरा लौहदंड
अविश्वास की हँसी हँसा दंडपाणि महाकाल
''बड़े अच्छे मास्टर हो!
आये हो मुझको भी पढ़ाने!!
मैं भी बच्चा हूँ...
वाह भई, वाह!
तो तुम भूख से नहीं मरे?''
हद से ज़्यादा डालकर ज़ोर
होकर कठोर
प्रेत फिर बोला—
''अचरज की बात है
यकीन नहीं करते आप क्यों मेरा
कीजिए न कीजिए न आप चाहे विश्वास
साक्षी है धरती, साक्षी है आकाश
और और और और और भले
नाना प्रकार की व्याधियाँ हों भारत में
किन्तु...''
उठाकर दोनों बाँह
किट-किट करने लगा प्रेत—
''किन्तु

भूख या क्षुधा नाम हो जिसका
ऐसी किसी व्याधि का पता नहीं हमको
सावधान महाराज,
नाम नहीं लीजिएगा
हमारे समक्ष फिर कभी भूख का!!"
निकल गया भाव आदेश का
तदनन्तर शान्त-स्तिमित स्वर में प्रेत बोला—
"जहाँ तक मेरा अपना सम्बन्ध है
सुनिए महाराज,
तनिक भी पीर नहीं
दुःख नहीं, दुविधा नहीं,
सरलतापूर्वक निकले थे प्राण
सह न सकी आँत जब पेचिश का हमला।"
सुनकर दहाड़,
स्वाधीन भारत के
भुखमरे, स्वाभिमानी, सुशिक्षक प्रेत की
रह गये निरुत्तर,
महामहिम नरकेश्वर!

त्रिलोचन

उत्तर प्रदेश के सुल्तानपुर जिले के कठघरा चिरानी पट्टी में जगरदेव सिंह के घर 20 अगस्त 1917 को जन्मे त्रिलोचन शास्त्री का मूल नाम वासुदेव सिंह था। उन्होंने काशी हिन्दू विश्वविद्यालय से एम.ए. अंग्रेजी विषय में किया एवं लाहौर से संस्कृत में शास्त्री की डिग्री प्राप्त की।

कवि त्रिलोचन को हिन्दी साहित्य की प्रगतिशील काव्यधारा का प्रमुख हस्ताक्षर माना जाता है। वे आधुनिक हिन्दी कविता की प्रगतिशील त्रयी के तीन स्तम्भों में से एक थे। इस त्रयी के अन्य दो स्तम्भ नागार्जुन व शमशेरबहादुर सिंह थे।

हालाँकि उन्होंने हिन्दी में प्रयोगधर्मिता का समर्थन किया। उनका कहना था, भाषा में जितने प्रयोग होंगे वह उतनी ही समृद्ध होगी। शास्त्री जी ने हमेशा ही नवसृजन को बढ़ावा दिया। वह नये लेखकों के लिए उत्प्रेरक थे।

कार्यक्षेत्र : त्रिलोचन शास्त्री हिन्दी के अतिरिक्त अरबी और फारसी भाष. ाओं के निष्णात ज्ञाता माने जाते थे। पत्रकारिता के क्षेत्र में भी वे खासे सक्रिय रहे। उन्होंने 'प्रभाकर', 'वानर', 'हंस', 'आज', 'समाज' जैसी पत्र-पत्रिकाओं का सम्पादन किया।

त्रिलोचन शास्त्री 1995 से 2001 तक जन संस्कृति मंच के राष्ट्रीय अध्यक्ष भी रहे। इसके अलावा वाराणसी के ज्ञानमंडल प्रकाशन में भी काम करते रहे और हिन्दी व उर्दू के कई शब्दकोशों की योजना से भी जुड़े रहे। उन्हें हिन्दी सॉनेट का साधक माना जाता है। उन्होंने इस छन्द को भारतीय परिवेश में ढाला और लगभग 550 सॉनेट की रचना की। इसके अतिरिक्त कहानी, गीत, ग़ज़ल और आलोचना से भी उन्होंने हिन्दी साहित्य को समृद्ध किया। उनका पहला कविता संग्रह 'धरती' 1945 में प्रकाशित हुआ। 'गुलाब और बुलबुल', 'उस जनपद का कवि हूँ' और 'ताप के ताये हुए दिन' उनके चर्चित कविता संग्रह हैं। 'दिगन्त' और 'धरती' जैसी रचनाओं को कलमबद्ध करने वाले त्रिलोचन शास्त्री के 17 कविता संग्रह प्रकाशित हुए हैं।

पुरस्कार व सम्मान : त्रिलोचन शास्त्री को 1989-90 में हिन्दी अकादमी ने शलाका सम्मान से सम्मानित किया। हिन्दी साहित्य में उत्कृष्ट योगदान के लिए उन्हें 'शास्त्री' और 'साहित्य रत्न' जैसी उपाधियों से सम्मानित किया जा चुका है। 1982 में 'ताप के ताए हुए दिन' के लिए उन्हें साहित्य अकादेमी का पुरस्कार भी मिला।

9 दिसम्बर 2007 को गाज़ियाबाद में निधन।

चम्पा काले काले अच्छर नहीं चीन्हती

चम्पा काले काले अच्छर नहीं चीन्हती
मैं जब पढ़ने लगता हूँ वह आ जाती है
खड़ी खड़ी चुपचाप सुना करती है
उसे बड़ा अचरज होता है :
इन काले चीन्हों से कैसे ये सब स्वर
निकला करते हैं

चम्पा सुन्दर की लड़की है
सुन्दर ग्वाला है : गायें-भैंसें रखता है
चम्पा चौपायों को लेकर
चरवाही करने जाती है

चम्पा अच्छी है
चंचल है
नटखट भी है
कभी कभी ऊधम करती है
कभी कभी वह क़लम चुरा देती है
जैसे तैसे उसे ढूँढ़ कर जब लाता हूँ
पाता हूँ—अब काग़ज़ ग़ायब
परेशान फिर हो जाता हूँ

चम्पा कहती है :
तुम कागद ही गोदा करते हो दिन भर
क्या यह काम बहुत अच्छा है
यह सुन कर मैं हँस देता हूँ

फिर चम्पा चुप हो जाती है

उस दिन चम्पा आयी, मैंने कहा कि
चम्पा, तुम भी पढ़ लो
हारे गाढ़े काम सरेगा
गाँधी बाबा की इच्छा है—
सब जन पढ़ना-लिखना सीखें
चम्पा ने यह कहा कि
मैं तो नहीं पढ़ूँगी
तुम तो कहते थे गाँधी बाबा अच्छे हैं
वे पढ़ने लिखने की कैसे बात कहेंगे
मैं तो नहीं पढ़ूँगी

मैंने कहा कि चम्पा, पढ़ लेना अच्छा है
ब्याह तुम्हारा होगा, तुम गौने जाओगी,
कुछ दिन बालम संग साथ रह चला जाएगा जब कलकत्ता
बड़ी दूर है वह कलकत्ता
कैसे उसे सँदेसा दोगी
कैसे उसके पत्र पढ़ोगी
चम्पा पढ़ लेना अच्छा है!

चम्पा बोली : तुम कितने झूठे हो, देखा,
हाय राम, तुम पढ़-लिख कर इतने झूठे हो
मैं तो ब्याह कभी न करूँगी
और कहीं जो ब्याह हो गया
तो मैं अपने बालम को संग साथ रखूँगी
कलकत्ता मैं कभी न जाने दूँगी
कलकत्ते पर बजर गिरे।

अज्ञेय

सच्चिदानन्द हीरानन्द वात्स्यायन 'अज्ञेय' का जन्म उत्तर प्रदेश के देवरिया जिले के कसिया गाँव के पुरातत्त्व विभाग के एक खुदाई शिविर में सन् 1911 ई. में हुआ था। उन्होंने बी.एस सी. के बाद एम.ए. किया। अपने विद्यार्थी-जीवन में ही ये क्रान्तिकारियों के सम्पर्क में आये और 'हिन्दुस्तान रिपब्लिकन पार्टी' के सदस्य बन गये। अंग्रेज़ सरकार विरोधी गतिविधियों के लिए इन्हें कई साल जेल में भी रहना पड़ा। सन् 1943 में वे एक कैप्टन के रूप में कोहिमा फ्रण्ट पर तैनात किये गये थे। स्वतन्त्रता के बाद कुछ समय तक इन्होंने भारत सरकार के रेडियो के समाचार विभाग में काम किया। तत्पश्चात् इन्होंने कैलिफोर्निया विश्वविद्यालय में भारतीय संस्कृति का अध्यापन कार्य किया। इन्होंने 'विशाल भारत', 'दिनमान', 'नया प्रतीक', 'थाट' तथा 'नवभारत टाइम्स' का सम्पादन कार्य भी कुछ वर्षों तक किया। 'आँगन के पार द्वार' पर इन्हें साहित्य अकादेमी का तथा 'कितनी नावों में कितनी बार' पर इन्हें भारतीय ज्ञानपीठ का पुरस्कार मिला है। ये समर्थ कवि, कुशल उपन्यासकार, कहानी-लेखक तथा निबन्धकार हैं।

हिन्दी की छायावादोत्तर कविता के प्रमुख हस्ताक्षरों में से एक अज्ञेय प्रयोगवाद तथा नयी कविता के प्रवर्तक हैं। इन्होंने क्रमशः 'तार सप्तक', 'दूसरा सप्तक', 'तीसरा सप्तक' तथा 'चौथा सप्तक' का सम्पादन किया।

अज्ञेय अभिजातवर्गीय साहित्यकार हैं। उनकी कविता में अकेलेपन का वैभव तथा रोमाण्टिक व्यक्तिवादी विद्रोह मिलता है। मूल रूप से ये प्रेम और प्रकृति के कवि हैं। क्षणवाद, भोगवाद तथा युगजीवन की घटनाओं की प्रतिध्वनियाँ नये प्रतीकों और नये बिम्बों में ढलकर इनके काव्य को समृद्ध करती हैं।

अज्ञेय ने अपने प्रसिद्ध उपन्यास 'शेखर : एक जीवनी' में मनोविश्लेषण की सर्वथा नवीन शैली अपनाते हुए मानव मस्तिष्क पर प्रत्येक क्षण पड़ने वाले असंख्य संस्कारों और उनसे उत्पन्न होने वाले विचार-तरंगों को निरूपित किया

है। बाह्य दृष्टि से अत्यन्त सामान्य दिखने वाली बातें भी जल में फेंकी कंकड़ी के समान मन में विचार लहरियाँ उठा देती हैं जिनका व्यक्तित्व पर गहरा प्रभाव पड़ता है, इस मनोवैज्ञानिक तथ्य को शेखर की जीवनी से भली प्रकार समझा जा सकता है।

प्रमुख रचनाएँ :–

कविता : इत्यलम्, बावरा अहेरी, हरी घास पर क्षण भर, आँगन के पार द्वार।

उपन्यास : शेखर : एक जीवनी, नदी के द्वीप।

निबन्ध : आत्मनेपद।

यात्रा-वर्णन : सहसा एक बूँद उछली।

अज्ञेय जी का निधन 1987 में हुआ।

सम्राज्ञी का नैवेद्य-दान[1]

हे महाबुद्ध!
मैं मन्दिर में आयी हूँ
रीते हाथ :
फूल मैं ला न सकी।

औरों का संग्रह
तेरे योग्य न होता।

जो मुझे सुनाती
जीवन के विह्वल सुख-क्षण का गीत--
खोलती रूप-जगत् के द्वार जहाँ
तेरी करुणा
बुनती रहती है
भव के सपनों, क्षण के आनन्दों के
रहःसूत्र अविराम--

उस भोली मुग्धा को
कँपती
डाली से विलगा न सकी।

जो कली खिलेगी जहाँ, खिली,
जो फूल जहाँ है,

1. जापान की सम्राज्ञी कोमियो प्राचीन राजधानी नारा के बुद्ध-मन्दिर में जाते समय असमंजस में पड़ गयी थी कि चढ़ाने को क्या ले जाये और रीते हाथ गयी थी। यही घटना कविता का आधार है।

जो भी सुख
जिस भी डाली पर
हुआ पल्लवित, पुलकित,
मैं उसे वहीं पर
अक्षत, अनाघ्रात, अस्पृष्ट, अनाविल,
हे महाबुद्ध!
अर्पित करती हूँ तुझे।

वहीं-वहीं प्रत्येक भरे प्याला जीवन का,
वहीं-वहीं नैवेद्य चढ़ा
अपने सुन्दर आनन्द-निमिष का,
तेरा हो,
हे विगतागत के, वर्तमान के, पद्मकोश!

गजानन माधव मुक्तिबोध

श्योपुर, ग्वालियर (मध्यप्रदेश) में 13 नवम्बर 1917 को जन्मे गजानन माधव मुक्तिबोध ने नागपुर विश्वविद्यालय से 1953 में एम.ए.(हिन्दी) किया।

समकालीन हिन्दी कविता और काव्यालोचना को गहरे अर्थों में प्रभावित करने वाले सजग, संजीदा और समर्थ रचनाकार। अपने व्यक्तित्व और कृतित्व में पूरी तरह एकमेक। सामाजिक-राजनीतिक दुरभिसन्धियों और पारिवारिक-आर्थिक संकट के भारी पाटों में पिसने के बावजूद जीवन के अन्त तक अपराजेय जिजीविषा से ओत-प्रोत काव्य-व्यक्तित्व।

जीविका के लिए बीस वर्ष की उम्र से बड़नगर मिडिल स्कूल से मास्टरी आरम्भ। तत्पश्चात् शुलाजार, उज्जैन, कलकत्ता, इन्दौर, बम्बई, बंगलौर, बनारस, जबलपुर आदि स्थानों पर विभिन्न नौकरियों में—मास्टरी से वायुसेना, पत्रकारिता से पार्टी तक। 1939 में अपनी जिद पर प्रेम-विवाह। 1948 में नागपुर आये। सूचना और प्रकाशन विभाग, आकाशवाणी में काम। इसके बाद 'नया खून' में, फिर कुछ माह तक पाठ्यपुस्तक लेखन। अन्ततः 1958 से दिग्विजय महाविद्यालय, राजनाँदगाँव में प्राध्यापक। लम्बी बीमारी के बाद 11 सितम्बर 1964 को नयी दिल्ली में निधन।

मुक्तिबोध की रचनाओं को पढ़कर जिस चीज की सबसे गहरी छाप पड़ती है, वह है जिन्दगी की असलियत को पहचानने के लिए उनके मन की बेचैनी और तड़प। उनका सार लेखन इसी तलाश को ज़ाहिर करता है—एक केन्द्रीय तलाश, ज़िन्दगी के अर्थ की। अन्तर्विरोधों से भरी हुई ज़िन्दगी, बेरहम पर साथ ही इतनी आत्मीय, इतनी उजाड़, पठार जैसी, फिर भी इतनी रसवन्ती।

मुक्तिबोध जीवन-भर की इसी 'मालव-निर्झर की झरझर कंचन रेखा' की तलाश करते रहे और जहाँ कहीं इसकी एक हल्की-सी भी झलक या गूँज उन्हें मिली, उसका उन्होंने स्वागत किया। जहाँ भी कहीं किसी अँधेरे में कोई इस कंचन-रेखा के ख़िलाफ़ साजिश करता हुआ उन्हें दीख पड़ा तो उसको उन्होंने ललकारा।

आधुनिक हिन्दी कविता में ऐसा कोई और नाम नहीं जो अस्तित्व के बुनियादी सवालों से इस तरह जूझा हो, जिसने शोषण, उत्पीड़न, क्रूरता और हिंसा से भरी इस दुनिया में इनसान की हालत और इन सबका अतिक्रमण करने की उसकी दुर्दम लालसा या कोशिशें की हों। उनके सारे लेखन का एक ही विषय है, मानव आत्मा की यह तलाश और उसकी जय-यात्रा। इस 'पुकारती हुई पुकार' से अपने सच्चे गहरे लगाव के कारण वे इस जय-यात्रा की सारी बाधाओं और उसके विरोधियों-दुश्मनों को भी बहुत साफ़-साफ़ पहचान सके, उनसे नफ़रत कर सके और अपनी इस पहचान और नफ़रत को अपनी कविताओं में इतने आवेग से पेश कर सके। अपने सरोकारों की इसी अद्वितीयता और विराटता के कारण ही मुक्तिबोध हिन्दी में इस दौर के सबसे अप्रतिम कवि हैं।

ऐ इन्सानो!

आँधी के झूले पर झूलो!
आग बबूला बन कर फूलो!
कुरबानी करने को झूमो!
लाल सवेरे का मुँह चूमो!
ऐ इन्सानों! ओस न चाटो!
अपने हाथों पर्वत काटो!
पथ की नदियाँ खींच निकालो!
जीवन पीकर प्यास बुझा लो!
रोटी तुमको राम न देगा!
वेद तुम्हारा काम न देगा!
जो रोटी का युद्ध करेगा!
वह रोटी को आप वरेगा!

सर्वेश्वरदयाल सक्सेना

सर्वेश्वरदयाल सक्सेना हिन्दी साहित्य में बहुमुखी प्रतिभा सम्पन्न साहित्यकार रहे हैं। अज्ञेय द्वारा सम्पादित तीसरे तार सप्तक के कवि व गद्य लेखक के रूप में इन्होंने अपनी पहचान बनायी। सर्वेश्वरदयाल सक्सेना का जन्म 15 सितम्बर 1927 को बस्ती (उ.प्र.) में हुआ। इन्होंने एम.ए. तक शिक्षा प्राप्त की, इसके पश्चात् ये साहित्य-सृजन के क्षेत्र में संलग्न हो गये। इन्होंने अनेक पत्र-पत्रिकाओं को भी सम्पादित किया। बालोपयोगी मासिक पत्रिका 'पराग' उसमें अत्यन्त महत्त्वपूर्ण है। 23 सितम्बर 1983 को इनका देहावसान हो गया।

सर्वेश्वर ने साहित्य की सभी प्रमुख विधाओं कविता, कहानी, उपन्यास, नाटक, लेख एवं निबन्ध के साथ बाल साहित्य पर अपनी लेखनी चलायी है।

सर्वेश्वरदयाल सक्सेना की प्रमुख काव्यकृतियों के अन्तर्गत काठ की घण्टियाँ, बाँस का पुल, एक सूनी नाव, गर्म हवाएँ, कुआनो नदी, जंगल का दर्द तथा खूँटियों पर टँगे लोग, कोई मेरे साथ चले आदि हैं।

कहानी संग्रह : कच्ची सड़क, अँधेरे पर अँधेरा, लड़ाई।

उपन्यास : सूने चौखटे, सोया हुआ जल, पागल कुत्तों का मसीहा।

नाटक : बकरी, अब गरीबी हटाओ, कल फिर भात आयेगा, राजा बाज बहादुर और रानी रूपमती।

बाल रचनाएँ : लाख की नाक, भौं भौं, खों खों, बतूता का जूता आदि उल्लेखनीय कृतियाँ हैं।

पुरस्कार : 'खूँटियों पर टँगे लोग' काव्य संग्रह पर इनको साहित्य अकादेमी पुरस्कार द्वारा सम्मानित किया गया।

पिछड़ा आदमी

जब सब बोलते थे
वह चुप रहता था,
जब सब चलते थे
वह पीछे हो जाता था,
जब सब खाने पर टूटते थे
वह अलग बैठा टूँगता रहता था,
जब सब निढाल हो सो जाते थे
वह शून्य में टकटकी लगाये रहता था
लेकिन जब गोली चली
तब सबसे पहले
वही मारा गया।

केदारनाथ सिंह

केदारनाथ सिंह का जन्म नवम्बर 1934 को चकिया (बलिया) उत्तर प्रदेश में हुआ। इनका सम्बन्ध सामान्य किसान परिवार से रहा। इनका बचपन सहज सुख और सुविधाओं में व्यतीत हुआ। इनके पिता सक्रिय राजनीतिक कार्यकर्ता थे। अखबार नियमित पढ़ते थे, संगीत में काफी रुचि रखते थे। केदारनाथ सिंह की आरम्भिक शिक्षा गाँव में ही हुई। हाई स्कूल से एम.ए. तक की शिक्षा वाराणसी में हुई। उदय प्रताप कॉलिज तथा हिन्दू विश्वविद्यालय बनारस से एम.ए. करने के पश्चात आधुनिक हिन्दी कविता में बिम्ब विधान विषय पर सन् 1964 में पीएच.डी. की उपाधि प्राप्त की।

यदि इनके आरम्भिक प्रयास को छोड़ दिया जाये तो विधिवत एवं व्यवस्थित रूप से 1952-53 के आस-पास लिखना शुरू किया। सन् 1954 में पाल एलुआर की प्रसिद्ध कविता 'स्वतन्त्रता' का अनुवाद किया। इस प्रकार नयी सौन्दर्य दृष्टि और समकालीन काव्य चेतना से इनका प्रथम परिचय हुआ। कुछ समय तक बनारस से निकलने वाली अनियत कालिक पत्रिका 'हमारी पीढ़ी' से भी ये सम्बद्ध रहे। इनका पहला कविता संग्रह 'अभी बिल्कुल अभी' सन् 1960 में प्रकाशित हुआ। केदारनाथ सिंह तीसरा सप्तक के सहयोगी कवियों में से एक हैं।

केदारनाथ सिंह व्यवसाय से अध्यापक रहे हैं। इनके कार्यक्षेत्र का प्रसार ठेठ ग्रामांचल से महानगर तक का है। ये उदय प्रताप कॉलिज, वाराणसी, सेंट एण्ड्रूज कॉलिज गोरखपुर, उदित नारायण कॉलिज पड़रौना तथा गोरखपुर विश्वविद्यालय से सम्बद्ध रहे। सन् 1976 से जवाहर लाल नेहरू विश्वविद्यालय नयी दिल्ली में कार्य किया। साखी नामक अनियतकालिक पत्रिका का सम्पादन कार्य भी किया।

काव्य पाठ के लिए इन्होंने अमेरिका, रूस, कज़ाकिस्तान आदि देशों की यात्राएँ भी कीं। इन्हें अनेक पुरस्कारों से सम्मानित किया गया है। साहित्य

अकादेमी पुरस्कार इनको प्राप्त हुआ है। इसके साथ ही इन्हें मैथिलीशरण गुप्त सम्मान (मध्यप्रदेश), कुमारन आशान पुरस्कार (केरल), दिनकर पुरस्कार (बिहार) तथा जीवन भारती सम्मान (उड़ीसा) भी प्राप्त हुए हैं। इनकी कविताओं के अनुवाद अंग्रेजी, स्पैनिश, रूसी, जर्मन, हंगेरियन के साथ ही सभी प्रमुख भारतीय भाषाओं में हुए हैं।

अभी बिल्कुल अभी, जमीन पक रही है, यहाँ से देखो, अकाल में सारस, प्रतिनिधि कविताएँ, उत्तर कबीर और अन्य कविताएँ, बाघ (लम्बी कविताएँ) इनके विविध प्रमुख काव्य संग्रह हैं। कल्पना और छायावाद गद्य साहित्य से सम्बन्धित रचनाएँ हैं। मेरे समय के शब्द प्रमुख गद्य रचना है। आधुनिक हिन्दी कविता में बिम्ब विधान इनका शोध ग्रन्थ है।

धब्बा

सुबह से पड़ा था
सड़क के बीचोबीच
लाल दमकता हुआ खून का धब्बा
अब वह सूखकर
लाल से भूरा
और भूरे से धीरे धीरे काला होता जा रहा था

जो भी उधर जाता था
देखता था धब्बे को
फिर आँख बचा दायें या बायें से
निकल जाता था आगे

इसी तरह दिनभर
हाथ उठाये हुए
सड़क पर पड़ा रहा खून का धब्बा

जब कोई नहीं आया
तो दिनभर की तपिश के बाद
घुमड़कर आ गयी झमाझम बारिश
बारिश धब्बे के पास गयी
उसने धीरे-से धब्बे को छुआ
उठाया
गले से लगाया
फिर उस उतनी-सी जगह को
जहाँ पड़ा था धब्बा

अपने गीले हाथों से
रगड़-रगड़ धोया

इस तरह क़िस्सा ख़त्म हुआ
खून के धब्बे का

अब बारिश खुश
कि उसने धो डाला धब्बे को
धब्बा खुश कि जैसे वह कभी सड़क पर
था ही नहीं!

अरुण कमल

15 फरवरी 1954, नासरीगंज (रोहतास), बिहार में जन्म।

तीन कविता पुस्तकें 'अपनी केवल धार' (1980), 'सबूत' (1989), 'नये इलाके में' (1996) तथा एक आलोचना-पुस्तक 'कविता और समय' (1999) प्रकाशित। 'पुतली में संसार' चौथा कविता-संग्रह। इनके अलावा वियतनामी कवि 'तो हू' की कविताओं-टिप्पणियों की एक अनुवाद-पुस्तिका, 'मायकोव्स्की' की आत्मकथा का अनुवाद तथा अंग्रेजी में 'वॉयसेज़' नाम से भारतीय युवा कविता के अनुवादों की किताब प्रकाशित। देश एवं विदेश के अनेक साहित्यकारों की कविताओं तथा लेखों के हिन्दी अनुवाद विभिन्न पत्र-पत्रिकाओं में प्रकाशित।

अभी 'अनुस्वार' नामक एक अनुवाद-स्तम्भ प्रभात खबर (राँची) में हर पखवाड़े। बीच में नवभारत टाइम्स (पटना) के लिए जन-गण-मन स्तम्भ में सामयिक टिप्पणियाँ लिखीं तथा इण्टरनेट पत्रिका 'लिटरेट वर्ल्ड' के लिए भी स्तम्भ-लेखन किया।

कविता के लिए भारतभूषण अग्रवाल स्मृति पुरस्कार (1980), सोवियत भूमि नेहरू पुरस्कार (1989), श्रीकान्त वर्मा स्मृति पुरस्कार (1990), रघुवीर सहाय स्मृति पुरस्कार (1996), शमशेर सम्मान (1997) तथा 'नये इलाके' में कविता-पुस्तक के लिए वर्ष 1998 का साहित्य अकादेमी पुरस्कार।

अफ्रोएशियाई युवा लेखक सम्मेलन, ब्राजाविले, कांगों में भारत के प्रतिभागी। रूस, चीन तथा इंग्लैंड की साहित्यिक यात्राएँ। अनेक देशी-विदेशी भाषाओं में कविताएँ अनूदित। उर्दू तथा पंजाबी में कविता-पुस्तकें प्रकाशित।

साहित्य अकादेमी की सामान्य परिषद् एवं सलाहकार समिति के सदस्य। हिन्दी साहित्य सम्मेलन, प्रयाग की कार्य समिति के सदस्य।

सम्प्रति पटना विश्वविद्यालय के अंग्रेजी विभाग में अध्यापन।

पुतली में संसार

और मैं देखता हूँ, तो मुझे केवल पुतली नहीं
पूरी आँख दिख रही है गुरुदेव
और मछली और वह खम्भा
और आकाश और आप और ये सब जन धनुर्धर
इतनी भीड़ इतनी ध्वनियाँ
और मैं तो केवल नीचे ताक रहा हूँ, तेल के कुण्ड में
फिर भी पूरा आकाश घूमता लग रहा है
और मुझे मछली की पुतली में घूमती
एक और छवि दिख रही है देव
किसकी छवि है यह
मछली किसे देख रही है
और कोई मुझे उसके भीतर से देख रहा है
मेरी पुतली पर इतनी छायाएँ
इतनी बरौनियों इतनी पलकों की अलग अलग छाया
मुझे मछली की नदी की गन्ध लग रही है देव
मेरी देह में इतनी गुदगुदी
इतने घट्ठों इतने ठेलों भरी देह में यह कैसा कम्पन
मैं सारे मन्त्र भूल रहा हूँ
सारी सिद्धि निष्काम हो रही है
ढीली पड़ रही हैं उँगलियाँ
पसीने से मुट्ठी का कसाव कम
मेरे पाँव हिल रहे हैं
कण्ठ सूख रहा है—
मुझे तो देखना था बस आँख का गोला
और मैं इतना अधिक सब कुछ क्यों देख रहा हूँ देव!

उदय प्रकाश

जन्म : 1952, मध्यप्रदेश के शहडोल (अब अनूपपुर) जिले के गाँव सीतापुर में।

शिक्षा : सागर विश्वविद्यालय सागर और जवाहरलाल नेहरू विश्वविद्यालय, नई दिल्ली में।

कार्य : जवाहरलाल नेहरू विश्वविद्यालय और इसके मणिपुर केन्द्र में लगभग चार वर्ष तक अध्यापन। संस्कृति विभाग, मध्यप्रदेश, भोपाल में लगभग दो वर्ष विशेष कर्तव्यस्थ अधिकारी। इसी दौरान 'पूर्वग्रह' का सहायक सम्पादन। नौ वर्षों तक टाइम्स ऑफ इण्डिया के समाचार पाक्षिक 'दिनमान' के सम्पादकीय विभाग में नौकरी। बीच में एक वर्ष टाइम्स रिसर्च फाउण्डेशन के स्कूल ऑफ सोशल जर्नलिज्म में अध्यापन। लगभग दो वर्ष पी.टी.आई. (टेलीविज़न) और एक वर्ष इण्डिपेंट टेलीविज़न में विचार और पटकथा प्रमुख। कुछ समय 'संडे मेल' में वरिष्ठ सहायक सम्पादक रहे। इन दिनों स्वतन्त्र लेखन तथा फिल्म और मीडिया के लिए लेखन।

कृतियाँ : 'सुनो कारीगर', 'अबूतर-कबूतर', 'रात में हारमोनियम', 'एक भाषा हुआ करती है' (कविता संग्रह)। 'दरियाई घोड़ा', 'तिरिछ', 'और अन्त में प्रार्थना', 'पॉल गोमरा का स्कूटर', 'पीली छतरी वाली लड़की', 'दत्तात्रेय के दुःख', 'मोहन दास', 'अरेबा परेबा', 'मैंगोसिल' (कहानी संग्रह)। 'ईश्वर की आँख', 'अपनी उनकी बात' और 'नयी सदी का पंचतन्त्र' (निबन्ध, आलोचना, साक्षात्कारों का संकलन)

अन्य भाषाओं में पुस्तकें : 'Short Shots Long Shots', 'Rage Revelry and Romance', 'A Girl with Golden Parasol' (Awarded PEN grant, USA, 2005) (English), 'Goldene Gruentel' (German).

'पीली छतरी वाली लड़की' (उर्दू), 'तिरिछ अणि इतर कथा','अरेबा परेबा' (मराठी) 'मोहन दास' कन्नड़ में प्रकाशित, पंजाबी, उड़िया, अंग्रेजी में शीघ्र पुस्तकाकार प्रकाश्य।

अनुवाद : 'लाल घास पर नीले घोड़े' (मिखाइल शात्रेव के नाटक का अनुवाद

और रूपान्तर), 'कला अनुभव' (प्रो. हरियन्ना की सौन्दर्यशास्त्रीय पुस्तक का अनुवाद), 'इन्दिरा गाँधी की आखिरी लड़ाई' (बी.बी.सी. संवाददाता मार्क टुली-सतीश जैकब की किताब का हिन्दी अनुवाद), 'रोम्यां रोलां का भारत' (आंशिक अनुवाद और सम्पादन)।

पुरस्कार : भारतभूषण अग्रवाल पुरस्कार (1980), ओमप्रकाश साहित्य सम्मान (1982), श्रीकान्त वर्मा स्मृति पुरस्कार (1992), मुक्तिबोध पुरस्कार (1996), साहित्यकार सम्मान, हिन्दी अकादमी, दिल्ली, (1999), रामकृष्ण जयदयाल सद्भावना सम्मान (1997), पहल सम्मान (2003), कथाक्रम सम्मान (2005), पुश्किन सम्मान (2006), द्विजदेव सम्मान (2006-07)।

उदय प्रकाश कविता को हर बार वहाँ से पकड़ने की कोशिश करते हैं जहाँ से उसका मूल उत्स है। इसलिए वह अपने अनुभव-लोक में हमेशा इस तरह प्रवेश करते हैं—"विकसित सभ्यताएँ जिस तरह लौट जाती हैं धरती के गर्भ में" या "इतिहास जिस तरह विलीन हो जाता है समूह की मिथकगाथा में", हमारी चेतना पर निरन्तर जमती जाती धूल को हटाकर उसके अन्दर झाँकने का यह उनका अपना ढंग है, जहाँ यथार्थ और स्वप्न के बीच के सारे कामचलाऊ विभाजन अर्थहीन हो जाते हैं। यह कवि उदय प्रकाश की एक ऐसी काव्य युक्ति है जिसे उन्होंने अपने लम्बे आत्मसंघर्ष के भीतर से अर्जित किया है।

टेलिफ़ोन

तकनीक ने छीना चरखा, काल ने छीनी माँ
सभ्यता ले गयी रस्सी, थाली और धोती

नींद के लिए बाक़ी था कल तक किसी कोने में एक अँधेरा
उठा ले गया बाज़ार
थोड़ी-सी थी जो इज़्ज़त ले गयी ग़रीबी

लालच ने खाया लिहाज़, दूरबीन ने देखी हारे हुए ईश्वर की
लौटती हुई पीठ
लपटें ले गयीं पिता का सोने जैसा शरीर

ख़ामोशी ने बनाया संदिग्ध, दुःखों ने तोड़े घुटने, चिन्ताओं ने
छीनी रोशनी और बाल
एक लड़की आयी थी परसों पूछने हाल
अपने जीवन-भर वह कहीं नहीं लौट पायी

धन्यवाद टेक्नोलॉजी
कि सबसे गये-गुज़रे कवि को भी तो दिया ही है एक टेलिफ़ोन
काँपती हुई कभी-कभी आती है
बामियान के पहाड़ों से उसकी आवाज़।

कात्यायनी

जन्म : 9 मई 1959, गोरखपुर।

विगत पन्द्रह वर्षों के दौरान कुछ समय तक अंशकालिक पत्रकारिता और फिर स्वतन्त्र लेखन।

सांस्कृतिक-राजनीतिक और नारी मोर्चे पर सक्रियता।

कविताएँ हिन्दी की अधिकांश पत्र-पत्रिकाओं में प्रकाशित। कुछ कविताएँ अंग्रेज़ी, पंजाबी और मराठी में अनूदित-प्रकाशित। काव्य संकलन 'सात भाइयों के बीच चम्पा' और 'इस पौरुषपूर्ण समय में' और काव्य-पुस्तिका 'चेहरों पर आँच' प्रकाशित। नारी-प्रश्न विषयक लेखों का संकलन 'दुर्ग-द्वार पर दस्तक' प्रकाशित। समकालीन भारतीय स्त्री कविताओं के पेंगुइन द्वारा प्रकाशित संकलन 'इन देअर ओन वॉयस' में कविताएँ शामिल। पाश के काव्य संकलन 'लहू है कि तब भी गाता है' का सम्पादन। आठ कहानियाँ प्रकाशित।

अपराजिता

उन्होंने यही
सिर्फ यही दिया हमें
अपनी वहशी वासनाओं की तृप्ति के लिए
दिया एक बिस्तर
जीवन घिसने के लिए, राख होते रहने के लिए
चौका-बरतन करने के लिए बस एक घर
समय-समय पर
नुमाइश के लिए गहने पहनाये
और हमारी आत्मा को पराजित करने के लिए
लाद दिया उस पर
तमाम अपवित्र इच्छाओं और दुष्कर्मों का भार।

पर नहीं कर सके पराजित वे
हमारी अजेय आत्मा को
उनके उत्तराधिकारी
और फिर उनके उत्तराधिकारियों के उत्तराधिकारी भी
नहीं पराजित कर सके जिस तरह
मानवता की अमर-अजय आत्मा को
उसी तरह नहीं पराजित कर सके वे
हमारी अजेय आत्मा को
आज भी वह संघर्षरत है
नित-निरन्तर
उनके साथ
जिनके पास खोने को सिर्फ जंजीरें ही हैं
बिल्कुल हमारी ही तरह!

अनामिका

जन्म : 17 अगस्त 1961, मुजफ्फरपुर, बिहार।

शिक्षा : एम.ए., पीएच.डी. (अंग्रेजी), दिल्ली विश्वविद्यालय।

कृतियाँ : गलत पते की चिट्ठी, बीजाक्षर, अनुष्टुप, खुरदुरी हथेलियाँ, कविता में औरत, दूब-धान (कविता-संग्रह); पोस्ट वॉर विमेन पोएट्स, डन-क्रिटिसिज्म डाउन द एजिज़, स्त्रीत्व का मानचित्र, वेयर किंग फिशर्स कैच फायर (आलोचना); मन माँजने की जरूरत, पत्थर जो पानी पीता है (निबन्ध); अवान्तर कथा, दस द्वारे का पींजरा, तिनका तिनके पास (उपन्यास); कहती हैं औरतें (सम्पादित कविता संग्रह)।

सम्मान : राष्ट्रभाषा परिषद् पुरस्कार, भारतभूषण अग्रवाल पुरस्कार, गिरिज. ाकुमार माथुर पुरस्कार, ऋतुराज सम्मान, साहित्यकार सम्मान।

सम्प्रति : रीडर, अंग्रेजी विभाग, सत्यवती कॉलेज, दिल्ली विश्वविद्यालय, दिल्ली।

•

ओढ़नी

मैट्रिक के इम्तिहान के बाद
सीखी थी दुल्हन ने फुलकारी!
दहेज की चादरों पर
माँ ने कढ़वाये थे
तरह-तरह के बेल-बूटे,
तकिए के खोलों पर 'गुडलक' कढ़वाया था!
कौन माँ नहीं जानती, जी, ज़रूरत
दुनिया में 'गुडलक' की!

और उसके बाद?
एक था राजा, एक थी रानी
और एक थी ओढ़नी
लाल ओढ़नी फूलदार!

और उसके बाद?
एक था राजा, एक थी रानी
और एक ख़तम कहानी!
दुल्हन की कटी-फटी पेशानी
और ओढ़नी ख़नूम-ख़ून!

अपने वजूद की माटी से
धोती थी रोज इसे दुल्हन
और गोदी में बिछा कर सुखाती थी

ज्ञानेन्द्रपति

जन्म : झारखंड के एक गाँव पथरगामा में।

प्रकाशित रचनाएँ : कविता संग्रह आँख हाथ बनते हुए (1970), शब्द लिखने के लिए ही यह कागज बना है (1980), गंगातट (2000)।

काव्य-नाटक : एकचक्रानगरी।

नदी और साबुन

(एक)

नदी!
तू इतनी दुबली क्यों है
और मैली-कुचैली
मरी हुई इच्छाओं की तरह मछलियाँ क्यों उतराई हैं
तुम्हारे दुर्दिनों के दुर्जल में

किसने तुम्हारा नीर हरा
कलकल में कलुष भरा
बाघों के जुठारने से तो
कभी दूषित नहीं हुआ तुम्हारा जल
न कछुओं की दृढ़ पीठों से उलीचा जाकर भी कम हुआ
हाथियों की जल-क्रीड़ाओं को भी तुम सहती रहीं सानन्द

आह! लेकिन
स्वार्थी कारखानों का तेजाबी पेशाब झेलते
बैंगनी हो गयी तुम्हारी शुभ्र त्वचा
हिमालय के होते भी तुम्हारे सिरहाने
हथेली-भर की एक साबुन की टिकिया से
हार गयीं तुम युद्ध

(दो)

वह एक साबुन है
साबुन की एक साबुत बट्टी
रैपर से खुलकर

प्रस्तुत पड़ी
जल-डूबी घाट-सीढ़ी से ऊपर
सूखी घाट-सीढ़ी पर
एक नीली साबुन-बट्टी
वह एक बहुराष्ट्रीय कम्पनी का
बहुप्रचारित साबुन है
माया है कि तरहथ-भर की उसकी चौकोर निश्छाय काया की
बहुत लम्बी छाया है
विज्ञापन-फिल्मों में महाशक्तिशाली पुकारा जाने वाला
सुपरमैनी भुजमछलियों वाला
मैलासुर के लिए कराल कार्तिकेय स्वरूप
सांगीतिक से अधिक सांघातिक एक धमाके के साथ
स्क्रीनागमन का अभ्यस्त!

उसके दिव्य रूप को देख-देख
थकी नागरिक आँखों को
गंगा धो देती है
दरस से ही

लेकिन जब
गंगातीर
आ ही खड़ा हुआ है वह महावीर
दुर्दान्त कणों और कीटाणुओं को
झाग-बल से फूः कर
कपड़ों को उज्जर करने का दावेदार—
गंगा का जी कँपता है
इस बदहाली में भी उसके जल में
पलती हैं मछलियाँ
और उन मछलियों पर पलते हैं कछुए
जिनके बीच सख्तखोल घोंघे
कवचधारी घोंघे
तागों-सी पतली सफेद संवेदिकाएँ चलाते रहते हैं
और उनकी निश्चलता से बगैर टकराए

जल-सतह पर क्षिप्र घूमती रहती है एक भौंरी
बरसात के उद्दाम दिनों में
जब उनका मिथुनकाल होता है
तब दुहरी, वह एक भौंरी
अपने ऊपर नर को लादे
अपने चंचल परिभ्रमण में
रह-रह क्षणांश को रुकती

ओह! उनके लिए
गंगा का जी कँपता है
अपने जलजीवों के लिए
और अपने उन थलजीवों के लिए भी
जिनके कंठ की प्यास बुझाने से भी आगे बढ़कर
भीतर की कोई गहरी प्यास तिरपती रही है गंगा
और कल की उसकी अमरित-बूँद आज
चंगे को बीमार करने वाली
और बीमार के लिए तो
सचमुच मोक्षदा साबित होने वाली अकाल ही

पहाड़ की बेटी वह एक
दुखियारी महतारी है गंगा
उसका जी कँपता है डर से
उसकी प्रतिद्वन्द्वी हथेली-भर की वह जो साबुन की टिकिया है
इजारेदार पूँजीवाद की बिटिया है
उसका महाबली झाग उठने से पहले
गंगा के दिल में हौल उठता है
भयातंक की एक लहर
गंगालहरी में मिली जाती
एक झुरझुरी
एक अजीब ही वेदन-संवेदन
जिसका मापक यंत्र बन
कवि-वक्ष
एक सर्द आह का घर होता है उस पल

ओमप्रकाश वाल्मीकि

जन्म : 30 जून 1950, बरला, जिला—मुजफ्फरनगर (उत्तर प्रदेश)।

शिक्षा : एम.ए. (हिन्दी साहित्य)।

प्रकाशित कृतियाँ : सदियों का सन्ताप, बस्स! बहुत हो चुका (कविता-संग्रह); जूठन (आत्मकथा); पंजाबी, मलयालम, तमिल, कन्नड़, अंग्रेजी, जर्मनी, स्वीडिश भाषाओं में अनूदित। सलाम, घुसपैठिए (कहानी-संग्रह); Amma and Other Stories (अंग्रेजी); दलित साहित्य का सौन्दर्यशास्त्र, मुख्यधारा और दलित साहित्य (आलोचना), सफाई देवता (समाजशास्त्रीय अध्ययन)।

सम्पादन : दलित हस्तक्षेप (रमणिका गुप्ता); प्रज्ञा साहित्य (अतिथि सम्पादन); तीसरा पक्ष (सलाहकार सम्पादन)।

पुरस्कार : डॉ. अम्बेडकर राष्ट्रीय पुरस्कार (1993), परिवेश सम्मान (1995), कथाक्रम सम्मान (2001), न्यू इंडिया बुक पुरस्कार (2004), आठवाँ विश्व हिन्दी सम्मेलन (2007), न्यूयॉर्क, अमेरिका सम्मान, साहित्य भूषण सम्मान (2008)।

बस्स! बहुत हो चुका

जब भी देखता हूँ मैं
झाड़ू या गन्दगी से भरी बाल्टी-कनस्तर
किसी हाथ में
मेरी रगों में
दहकने लगते हैं
यातनाओं के कई हज़ार वर्ष एक साथ
जो फैले हैं इस धरती पर
ठण्डे रेतकणों की तरह।

मेरी हथेलियाँ भीग-भीग जाती हैं
पसीने से
आँखों में उतर आता है
इतिहास का स्याहपन
अपनी आत्मघाती कुटिलताओं के साथ।

झाड़ू थामे हाथों की सरसराहट
साफ सुनायी पड़ती है भीड़ के बीच
बियाबान जंगल में सनसनाती हवा की तरह।

वे तमाम वर्ष
वृत्ताकार होकर घूमते हैं
करते हैं छलनी लगातार
उँगलियों और हथेलियों को
नस-नस में समा जाता है ठण्डा-ताप।
गहरी पथरीली नदी में

असंख्य मूक पीड़ाएँ
कसमसा रही हैं
मुखर होने के लिए रोष से भरी हुई।

बस्स!
बहुत हो चुका
चुप रहना
निरर्थक पड़े पत्थर
अब काम आयेंगे सन्तप्त जनों के!

बद्री नारायण

जन्म : 1965, भोजपुर, बिहार के एक गाँव में।

गोविन्द बल्लभ पन्त सामाजिक विज्ञान संस्थान, इलाहाबाद के सेंटर फॉर कल्चर, पावर एंड चेंज में सामाजिक इतिहास/सांस्कृतिक नृतत्त्वशास्त्र विषय के प्रोफेसर हैं। गोविन्द बल्लभ पन्त सामाजिक विज्ञान संस्थान, इलाहाबाद के मानव विकास संग्रहालय एवं दलित रिसोर्स सेंटर के प्रभारी हैं।

यू.जी.सी., आई.सी.एस.एस.आर., आई.सी.एच.आर., इंडियन इन्स्टीट्यूट ऑफ एडवांस्ड स्टडीज, शिमला, इंटरनेशनल इंस्टीट्यूट ऑफ एशियन स्टडीज, लाइडेन यूनिवर्सिटी, द नीदरलैंड, मैसोन द साइंसेज द ला होम, पेरिस, फुलब्राइट एवं स्मट्स के फेलो रहे हैं।

प्रकाशित पुस्तकें : 'सच सुने कई दिन हुए', 'शब्दपदीयम्', 'खुदाई में हिंसा' कविता संकलन प्रकाशित। अंग्रेजी, फ्रेंच, डच, उड़िया, बांग्ला, गुजराती, मराठी, उर्दू भाषाओं में कविताएँ अनूदित। 'लोक संस्कृति में राष्ट्रवाद' (शोध), सांस्कृतिक गद्य (निबन्ध), 'डॉक्यूमेंटिंग डिसेंट', 'विमेन हिरोज एंड दलित एसरसन इन नॉर्थ इंडिया', 2006, 'फैसिनेटिंग हिन्दुत्व–सैफरान पालिटिक्स एंड दलित मोबलाइजेशन', 2009 (अंग्रेजी में), सेज पब्लिकेशन नयी दिल्ली, द मेकिंग ऑफ द दलित पब्लिक इन नॉर्थ इंडिया : उत्तर प्रदेश 1950-प्रेजेंट, 2011 ऑक्सफोर्ड यूनिवर्सिटी प्रेस, नयी दिल्ली से प्रकाशित।

सम्मान : वर्ष 1991 के भारतभूषण पुरस्कार, वर्ष 2002 का बनारसी प्रसाद भोजपुरी सम्मान एवं 'केदार सम्मान-2006', कविता संकलन 'खुदाई में हिंसा' के लिए स्पन्दन कृति सम्मान 2010, बिहार सरकार राजभाषा विभाग की ओर से वर्ष 2009-2010 का राष्ट्रकवि दिनकर सम्मान, वर्ष 2011 में कविता के लिए प्रतिष्ठित शमशेर सम्मान से सम्मानित।

तय इससे होगा

खून कैसा है?
इससे कुछ तय नहीं होगा
तय इससे होगा कि
खून किसका है

यह प्रश्न, प्रश्न के रूप में उस शाम हर तरफ़ गूँजने लगा था
कोई कहे चिड़ियों का है, कोई कहे मानुष का
यह खून आकाश में चमकते ध्रुवतारे का है

तभी एक छोटा बच्चा चिल्लाता हुआ गली में दौड़ गया था

एक बातूनी की उलटवांसी है
कल रात राजधानी एक्सप्रेस
लहुरा स्टेशन पर एक मच्छर से टकरा गयी
यह खून राजधानी एक्सप्रेस की एक टाँग का है

किसी के अनुसार
इस खून में कैल्शियम कम है फ़ासफ़ोरस ज़्यादा

सब अलग-अलग तरह से इस खून को पढ़ रहे थे,
हत्यारा अपनी तरह से,
साधु अपनी तरह से

इस रक्त के आकार-प्रकार पर जारी थीं बहसें
पर अजब चुप्पी थी जनाब

इस मसले पर अख़बारों में,

अख़बार इस सफ़ेद कपड़े में लगे खून का
चित्र तो छाप रहे थे
पर उस पर कुछ भी लिखने के लिए
किसी तरह तैयार नहीं थे

हो सकता है वे इस खून पर कुछ भी लिख
इसे एक निश्चित अर्थ देने से बचना चाहते हों
यह भी हो सकता है
कि वे इसकी व्याख्या की अनन्त
सम्भावनाओं का वध न करना चाहते हों
पर यह भी तो हो सकता है उनके मालिकों
के कुरते के बटन तक इस खून के छींटे जाते हों।

पर यह खून ही है
यह अभी तय तो नहीं हुआ
एक उग्र बौद्धिक ने सवाल उठाया
तभी न जाने कहाँ से आकर एक बुढ़िया ने दावा ठोंका
यह खून उसकी कमसिन बेटी का है
जिसके साथ अमावस्या के चौथे दिन
बलात्कार किया गया था।
जो भी खड़े थे आस-पास, सब घबड़ाए
क्योंकि यहाँ एक विश्वास है
कि जब तक बातें निष्पक्ष हों तब तक तो ठीक है
पर जब वे ठोस आधारों पर कहीं जाने लगें
तो उनसे बचना जरूरी है।

फिर 'ह्यूमन' 'इमोशन' 'सहायता' 'सहयोग' जैसे शब्दों के चक्कर में
कौन पड़े।
शब्द तक तो ठीक है
अब अर्थों के चक्कर में कौन पड़े

सब चक्कर में थे, सब ऊहापोह में
किसी की आँखें ऊपर थीं, किसी की नीचे,
तभी शहर में फैले असमंजस को
ध्यान में रखते हुए
प्रशासन द्वारा गठित, जाँच आयोग ने घोषणा की
कि दारुलशफ़ा की सड़कों पर
रात के कई घण्टे जो ठिठुरती रही थी
चिथड़ों पर लगा खून
वह किसी लड़की का न होकर
डुमरी के फूल का है

पर बुढ़िया।
बुढ़िया के बारे में मत पूछो मित्रो
वह जहाँ कहीं भी होगी
इस शहर के भविष्य का
एजेण्डा तय कर रही होगी।

जितेन्द्र श्रीवास्तव

जन्म : 8 अप्रैल 1974, सिलहटा, देवरिया (उ.प्र.)।

शिक्षा : बी.ए. तक की पढ़ाई गाँव और गोरखपुर में। जे.एन.यू., नयी दिल्ली से हिन्दी साहित्य में एम.ए.,एम.फिल. और पीएच.डी.। एम.ए. और एम.फिल. में प्रथम स्थान।

प्रकाशन : 'इन दिनों हालचाल' कथ्य-रूप पुस्तिका, 'अनभै कथा' और 'असुन्दर सुन्दर' (कविता संग्रह)। 'भारतीय समाज की समस्याएँ और प्रेमचन्द', 'भारतीय राष्ट्रवाद और प्रेमचन्द' और 'शब्दों में समय' (आलोचना)। हिन्दी के साथ-साथ भोजपुरी में भी लेखन-प्रकाशन। कुछ कविताएँ, मराठी, उड़िया और पंजाबी में अनूदित। लम्बी कविता 'सोनचिरई' की कई नाट्य प्रस्तुतियाँ।

पुरस्कार-सम्मान : हिन्दी अकादमी, दिल्ली का 'कृति सम्मान' (2004-05), उत्तर प्रदेश हिन्दी संस्थान का 'रामचन्द्र शुक्ल पुरस्कार' (2006), 'भारत भूषण अग्रवाल पुरस्कार' (2006), उत्तर प्रदेश हिन्दी संस्थान का 'विजयदेव नारायण साही पुरस्कार' (2007), भारतीय भाषा परिषद्, कोलकाता का 'युवा पुरस्कार' (2007) और 'डॉ. रामविलास शर्मा आलोचना सम्मान' (2007)।

सम्प्रति : इन्दिरा गाँधी राष्ट्रीय मुक्त विश्वविद्यालय, नयी दिल्ली के मानविकी विद्यापीठ में व्याख्याता।

मैं इक चिड़िया हूँ पापा!

मैं इक चिड़िया हूँ पापा!
देखो तो!

धरती चिड़िया के पास है
आसमान उसकी आस है
पंख उसके पास हैं
बिना रोक-टोक वह उड़ती है
थक जाए तो
जिस टहनी पर चाहती है
बैठती है
गीत अपने गाती है

देखो तो पापा
चिड़िया कितनी खुश है!
दाना उसकी चोंच में है
उसका घर
उसकी पसन्द है

देखो तो पापा
उसका घर!
वह दुनिया की पहली वास्तुकार
कितनी सजग उसकी दृष्टि
कितना सघन संसार
सोचो तो पापा

मैं तुम्हारी बिटिया
इक चिड़िया हूँ
अपने मन की!

सोचो तो पापा
सोचो न!

सोचती सी यह चुपचाप
तार-तार इस ओढ़नी से
क्या वह कभी पोंछ पाएगी
खूँखार चेहरों की खूंखरिता
और मैल दिलों का?

घर का न घाट का
उसका दुपट्टा
लहराता था आसमानों पर
'गगन में गैब निसान उड़ै' की धुन पर
आहिस्ता-आहिस्ता!

❑❑

संगृहीत कविताओं पर टिप्पणियाँ

दोहे

कबीर निस्सन्देह समाज सुधारक थे। वे वर्णव्यवस्था, हिंसा, मूर्तिपूजा, बाह्याचार कामिनी-कंचन का विरोध करके समाज को ही सुधारना चाहते थे। कबीर वैष्णव तो थे ही। किन्तु उनका आशय निर्गुण सत्ता से ही होता है। कबीर जब परम सत्ता को निर्गुण कहते हैं तो उनका मतलब गुणरहित सत्ता से नहीं, गुणातीत सत्ता से होता है। प्रस्तुत संग्रह में कबीर के दोहों में यही भाव चरितार्थ होता है।

पद

सूर वात्सल्य और श्रृंगार के कवि हैं। इन दो भावों के अनन्त समुद्र में सूर की पैठ इतनी गहरी है कि अन्य कवियों की 'उक्तियाँ' सूर की जूठी-सी जान पड़ती हैं। यद्यपि सूर ने लोक संग्रह की चिन्ता नहीं की फिर भी उनकी प्रतिभा सदैव बाह्यार्थ निरूपिणी रही है। बिना प्रभु कृपा के कुछ भी सम्भाव्य नहीं। कृष्ण चरित्र लोक में प्रतिष्ठित है। इस संग्रह में संगृहीत सूर के पदों में कृष्ण की बाललीला की छटा उल्लेखनीय है।

दोहे

रीतिकालीन कवि बिहारीलाल की सतसई के दोहे कल्पना और बिम्बात्मकता के माध्यम से पूर्ण प्रसंगों का सृजन करते हैं। सतसई का पहला दोहा कल्पना की समाहार शक्ति का सुन्दर उदाहरण है। सतसई के दोहों में भाषा की समास शक्ति के दर्शन होते हैं। शब्द चयन इतना सटीक एवं सारगर्भित है कि एक भी शब्द अपने स्थान से हटाया नहीं जा सकता। बिहारी के दोहे श्रेष्ठ मुक्त-काव्य का उदाहरण प्रस्तुत करते हैं क्योंकि प्रत्येक दोहा एक स्वतन्त्र प्रसंग, स्वतन्त्र भाव या विचार को प्रकट करता है। प्रस्तुत संग्रह के दोहों में भी यही भाव समाहित है।

माँ, कह एक कहानी

प्रस्तुत कविता गुप्त जी के खंड काव्य 'यशोधरा' का एक अंश है। यशोधरा अपने बेटे राहुल को कहानी सुनाने के बहाने अपने पति सिद्धार्थ के जीवन की एक घटना को कहानीनुमा शैली में रोचकता से सुना रही है। पूरी कविता में स्त्री के मातृ-हृदय, बच्चों की कौतूहलता आदि के साथ-साथ गुप्त जी की आदर्शोन्मुख मानवतावादी दृष्टि का संस्पर्श उल्लेखनीय है।

बादल-राग : 6

छायावादी कवि होते हुए भी निराला ने उस काव्य-धारा की संकुचित सीमा का सृजनात्मक उल्लंघन किस सुचारुता से किया है, 'बादल-राग : 6' उसका उत्तम उदाहरण है। असली जन-क्रान्ति का स्वरूप क्या है, उसका समाज के विभिन्न स्तर के लोगों पर कौन-सा प्रभाव पड़ता है और उसकी अन्तिम परिणति क्या है—यही दिखाना कवि का उद्देश्य है। सिर्फ भावपक्षीय सघनता के कारण ही नहीं, बल्कि निराला की शैल्पिक जागरूकता के लिए भी यह कविता उनकी उच्चकोटि की कविताओं में स्थान ग्रहण करती है ।

मोह

'मोह' पन्त की ठेठ छायावादी कविता है। छायावादी कविता के सौन्दर्य-बोध में प्रकृति की जो अहं भूमिका थी उसे प्रस्तुत कविता साफ पेश करती है। प्रकारान्तर से इसे 'प्रकृति के सुकुमार कवि' पन्त की बुनियादी सौन्दर्य-दृष्टि की कसौटी पर भी आँका जा सकता है।

प्रेत का बयान

यह कविता नागार्जुन की प्रतिनिधि कविता है जो उनकी काव्य-कला का सही परिचायक है। उनका समष्टि-चिन्तन पूर्णतः आम जनता के इर्द-गिर्द मँडराता है। प्रस्तुत कविता में स्वतन्त्र भारत की उस आम जनता की गरीबी और अभाव ग्रस्तता को व्यंग्य की पैनी शैली के सहारे संवेदनात्मक तरीके से उकेरा गया है।

चम्पा काले-काले अच्छर नहीं चीन्हती

नागार्जुन के समान त्रिलोचन भी सामान्य जनता की संवेदनाओं को शब्दबद्ध करने वाले कवि माने जाते हैं, अन्तर सिर्फ इतना है कि त्रिलोचन अपेक्षाकृत लोक-चे. तना से सम्पन्न कवि हैं। चम्पा नामक एक अनपढ़ गरीब लड़की के माध्यम से कवि ने एक व्यापक भारतीय जन-समुदाय की दर्दनाक जीवन-स्थितियों से हमारी मुलाकात करायी है, जो शिक्षा, संस्कृति और सभ्यता से एकदम अलग होकर बुरी तरह हाशियेकृत हो गया है।

सम्राज्ञी का नैवेद्य-दान

अज्ञेय की प्रस्तुत कविता एक जापानी लोक-कथा पर आधृत है। जापान की रानी महात्मा बुद्ध को अपने श्रद्धा सुमन अर्पित करना चाहती थी लेकिन वह खाली हाथ चली गयी। वह डाल से कोई फूल तोड़ न सकी। क्योंकि उसे प्रकृति की सुन्दरता को बिगाड़ना अच्छा नहीं लगा। इसलिए उसने डाल पर लगे ही लगे वहीं से बुद्ध को अपना सुमन अर्पित कर दिया। महात्मा बुद्ध के सिद्धान्तों से सम्पृक्त होते हुए कवि भक्ति के असली स्वरूप का पर्दाफाश करते हैं।

ऐ इन्सानो!

आह्वानपरक शैली में लिखी गयी यह छोटी कविता जन-धर्मी कवि मुक्तिबोध की प्रगतिशीलता का सच्चा परिचायक है। मार्क्सवादी चेतना से युक्त इस कविता में उन कठिन जीवन-पथों को आत्मसात करने की जरूरत को कवि रेखांकित करते हैं, जिनसे वर्तमान दुःसमय में आम आदमी को गुजरना पड़ता है।

पिछड़ा आदमी

बहुत छोटी कविता होने के बावजूद सर्वेश्वरदयाल सक्सेना की यह कविता उसके कथ्य की गहराई के कारण काफी चर्चित हुई। समाज की प्रायः सभी सुविधाओं से वंचित और हाशियेकृत आम आदमी किस प्रकार सामाजिक संघर्ष के समय कुर्बान होने के लिए चुन लिया जाता है, इस दर्दनाक तथ्य को कवि अपने सहज अन्दाज में यहाँ व्यक्त करते हैं।

धब्बा

वर्तमान समाज और व्यवस्था में फैली हुई अमानवीयता और नृशंसता की अभि-व्यक्ति के साथ-साथ इस कविता में कवि की आशावादी दृष्टि ही उल्लेखनीय है, जो समकालीन हिन्दी कविता और केदारनाथ सिंह की खासियत है।

पुतली में संसार

यह कविता महाभारत के अर्जुन और मछली के मिथक को नये अन्दाज में देखने का सर्जनात्मक प्रयास है। हमारी सामाजिक दृष्टि जितनी पैनी होगी, उतना स्पष्ट होगा वर्तमान सामाजिक विद्रूपताओं का सच्चा स्वरूप। इसलिए कवि को समाज की पुतली में एक पूरा संसार ही दिखाई पड़ता है।

टेलीफ़ोन

विज्ञान और प्रौद्योगिकी ने कई तरह की भौतिक सुख-सुविधाएँ तो अवश्य प्रदान की हैं, बावजूद इसके, उसने बहुत कुछ हमसे छीन भी लिया है। वर्तमान समय में वैश्वीकरण और उसकी प्रेरक स्थितियों ने छीनने की इस प्रक्रिया को और भी निर्मम बना दिया है। इस त्रासद परिवेश को कवि ने सांकेतिक ढंग से इस कविता में प्रस्तुत किया है।

अपराजिता

प्रस्तुत कविता 'मनुस्मृति' के एक श्लोक की स्त्रीपक्षीय व्याख्या तैयार करती है। आज के स्त्री-विमर्श को नयी उर्वर भूमियाँ प्रदान करने वाली कवयित्री कात्यायनी इस कविता में पुरुष-वर्चस्व के परम्परागत प्रतिमानों पर करारा प्रहार करती हैं।

ओढ़नी

स्त्री-विमर्श के वर्तमान सन्दर्भ में अपनी कविताओं और गद्य-रचनाओं के माध्यम से अपनी सार्थक उपस्थिति दर्ज करने वाली कवयित्री अनामिका की एक सशक्त कविता है 'ओढ़नी', जो निकट भविष्य में संगृहीत की जाएगी। ओढ़नी के प्रतीक के सहारे कवयित्री स्त्री के जीवन की वर्तमान विभीषिकाओं और चुनौतियों को कलात्मक ढंग से प्रस्तुत करती हैं।

नदी और साबुन

'नदी और साबुन' पारिस्थितिक विमर्श के तहत चर्चा करने योग्य कई कविताओं के स्रष्टा ज्ञानेन्द्रपति की एक मशहूर कविता है। भूमंडलीकरण और तज्जनित घातक स्थितियों ने भारत की परिस्थिति-सम्पदा को कौन-सी क्षति पहुँचायी है, उसे गंगा नदी में अनवरत होने वाली प्रदूषण-प्रक्रिया के एक सन्दर्भ के द्वारा कवि इस कविता में प्रस्तुत करते हैं।

बस्स! बहुत हो चुका

दलित-विमर्श के शीर्षस्थ रचनाकार ओमप्रकाश वाल्मीकि की एक चर्चित कविता है 'बस्स! बहुत हो चुका'। आज दलित-विमर्श अपनी बाल्यावस्था से यौवन की चारुता की ओर तेजी से अग्रसर हो रहा है। आज के दलित-लेखन में सिर्फ क्रन्दन और शोषण की वेदना ही नहीं, बल्कि एक सार्थक सर्जनात्मक प्रतिरोध भी व्यक्त हो रहा है। प्रस्तुत कविता को इसी पृष्ठभूमि में ही परखना चाहिए।

तय इससे होगा

नब्बे के बाद की भारतीय व्यवस्था और तंत्र की निर्ममता को तीखे व्यंग्य के साथ कवि ने इस कविता में चित्रित किया है। एक जमाने में जिन मानव-मूल्यों की उपस्थिति में हम गौरवान्वित थे, आज वे मूल्य तो धराशायी जरूर हो चुके हैं, अलावा इसके, उनके स्थान पर अपसंस्कृति फैलाने वाले तत्त्व मजबूत हो रहे हैं। इस चौंकाने वाले तथ्य को बड़ी चतुराई के साथ यहाँ पेश किया गया है।

मैं इक चिड़िया हूँ पापा!

एक छोटी बच्ची के अपने पिता से पूछे गये मासूम सवाल के रूप में प्रस्तुत की गयी यह कविता का आधार बाल-मनोविज्ञान अवश्य नहीं है। प्रत्युतः कवि इन्सानियत से धीरे-धीरे गायब हो जाने वाले उन गुणों को वापस लाने की आतुरता प्रकट करते हैं, जिन्हें चिड़ियों में खोजने की विडम्बनात्मक स्थिति में हम पहुँच चुके हैं।

□□